Foto Red Pinguin
Fotografie

Autor: Tom Walter
Fotos: Tom Walter

Kontakt:
Foto.red.pinguin@gmx.net

Dezember 2013

Einleitung

Ich zeige in diesem Buch hauptsächlich Aktfotos die ich selbst gemacht habe. Hier geht es immer um hübsche Rückansichten.

Gute Aktfotografie ist immer im höchsten Maß diskret.

Ein gutes Aktfoto kann das Model beim Kaffeekränzchen ihrer Oma zeigen.

Ich habe mich stets bemüht den Körper in den Einklang mit der Natur darzustellen.

Bilder sagen mehr wie tausend Worte.

Nun wünsche ich viel Spaß beim Anschauen.

Seit so lieb und beachtet die Urheberrechte. Alle Rechte liegen bei mir.

Euer Tom Walter

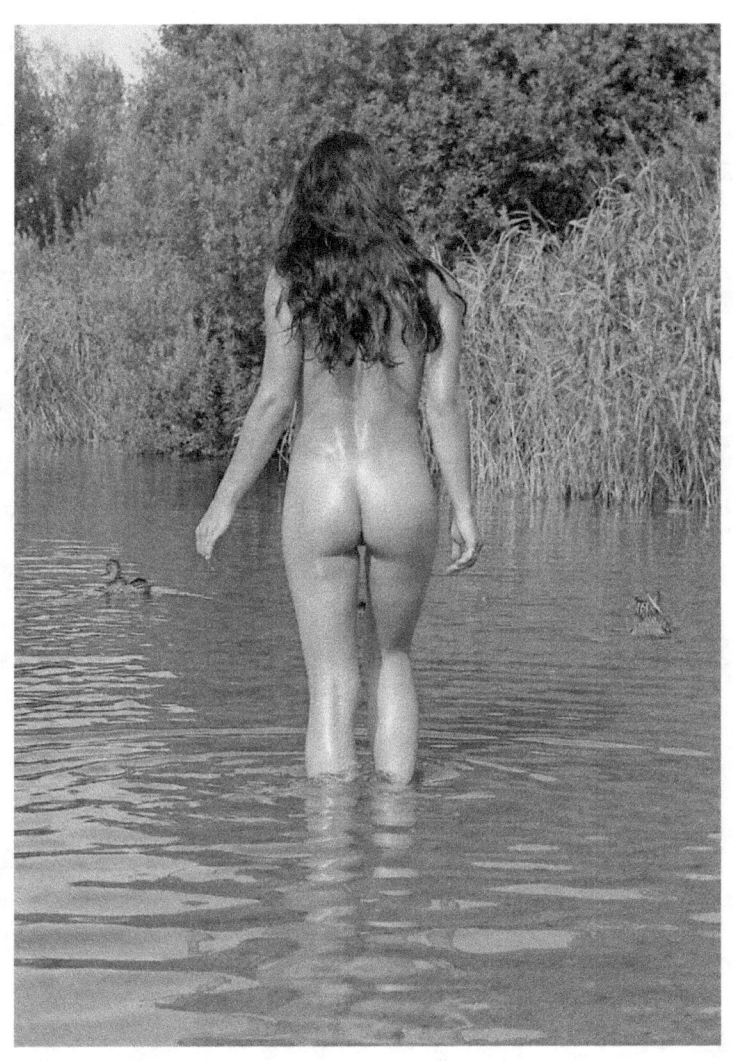

Das Model Turbomaus

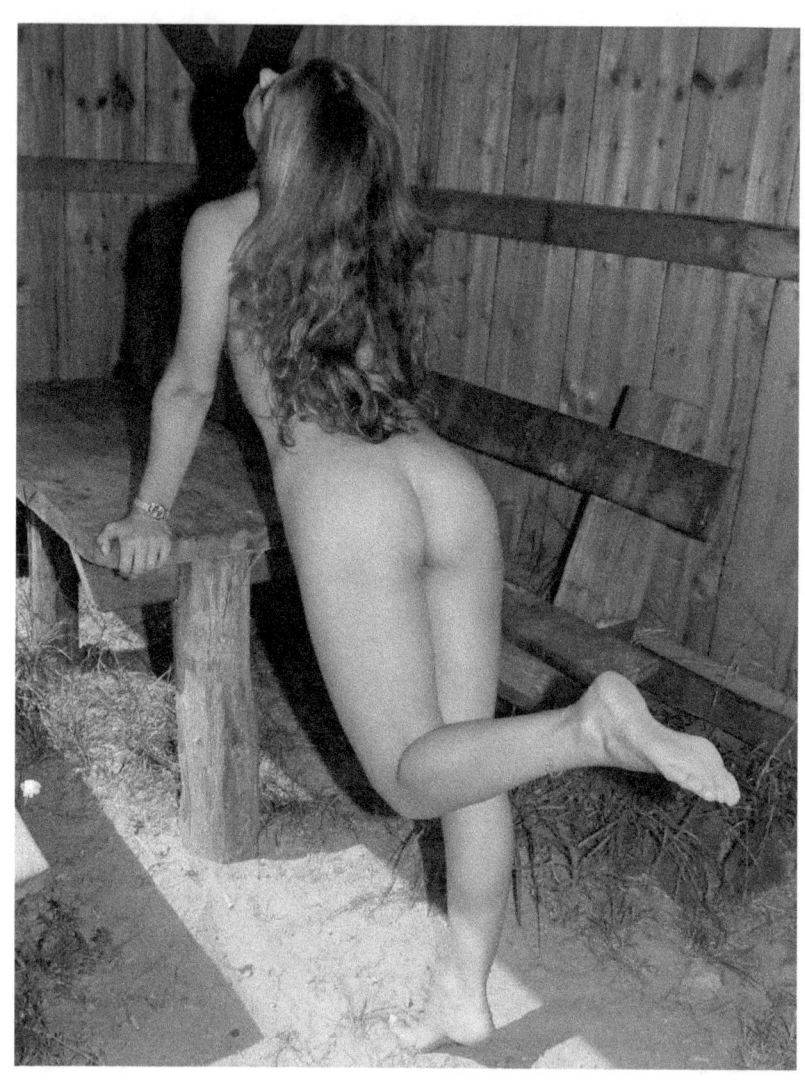

Das Model Turbomaus

Franzi

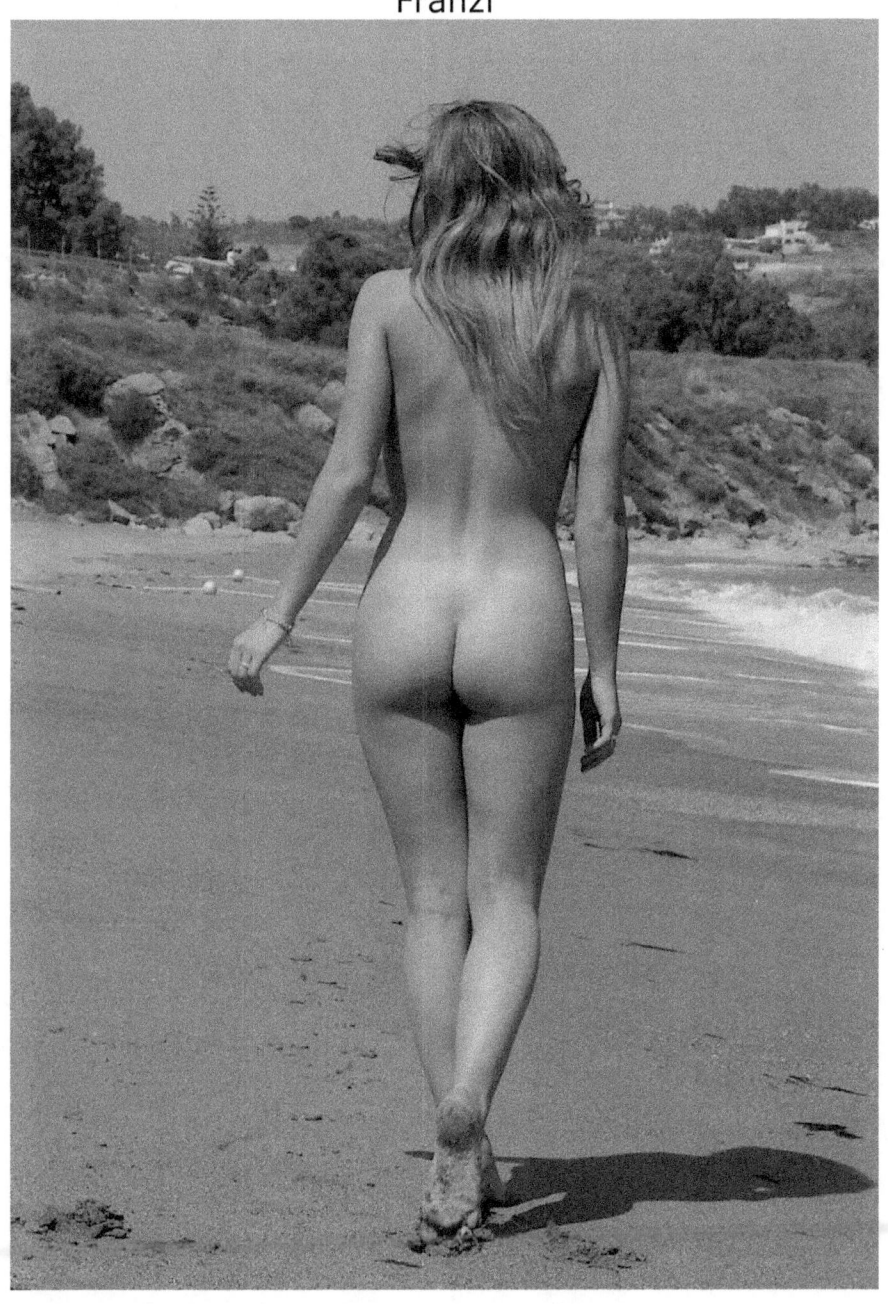

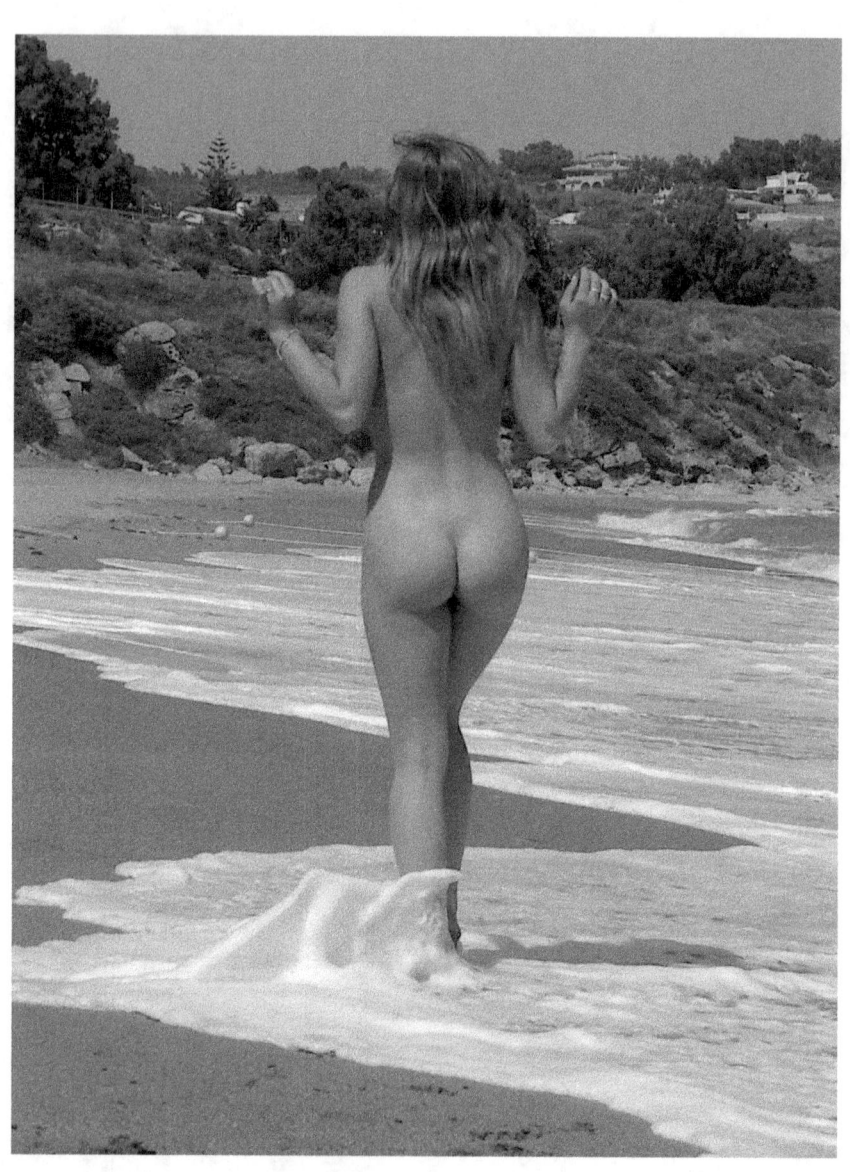

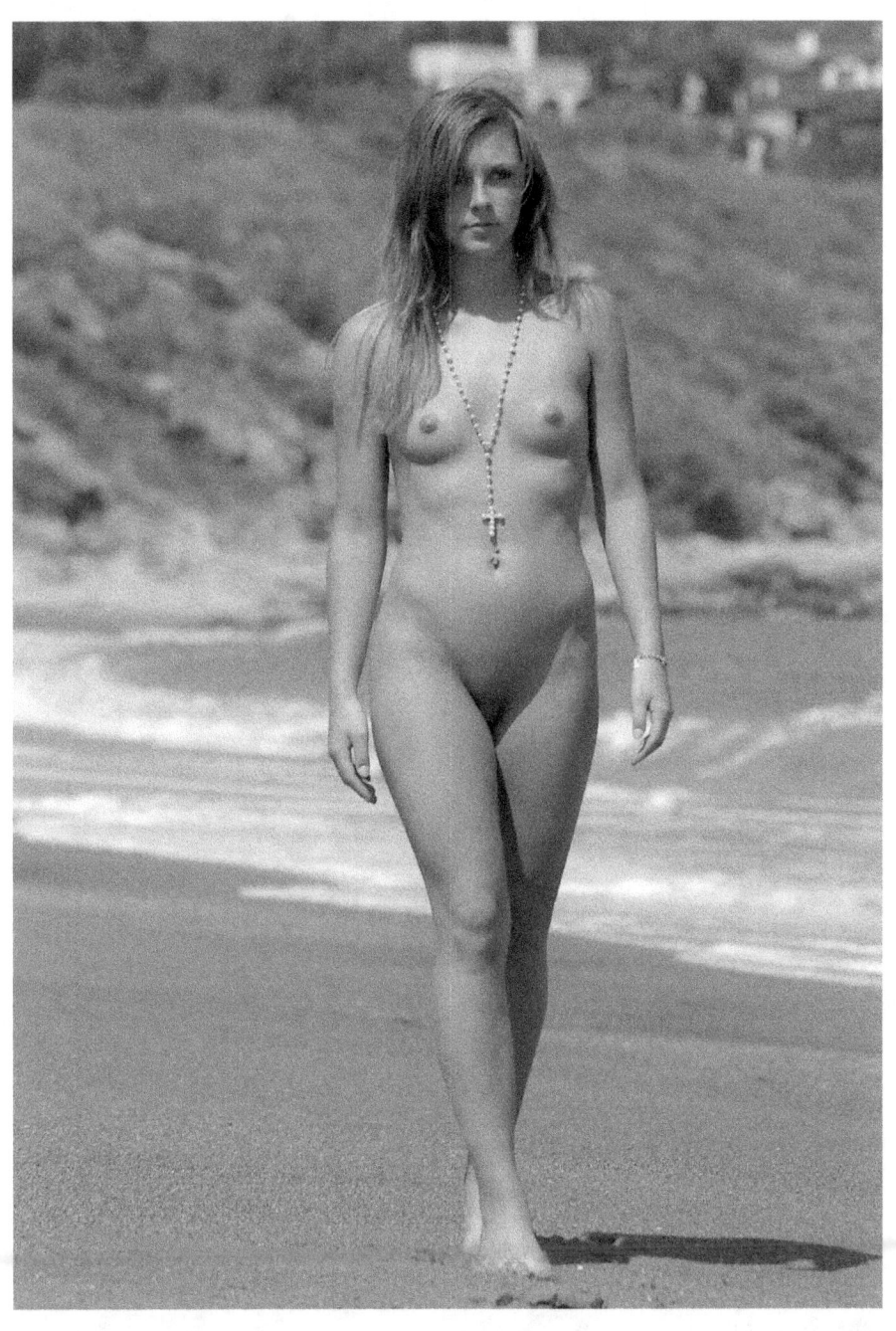

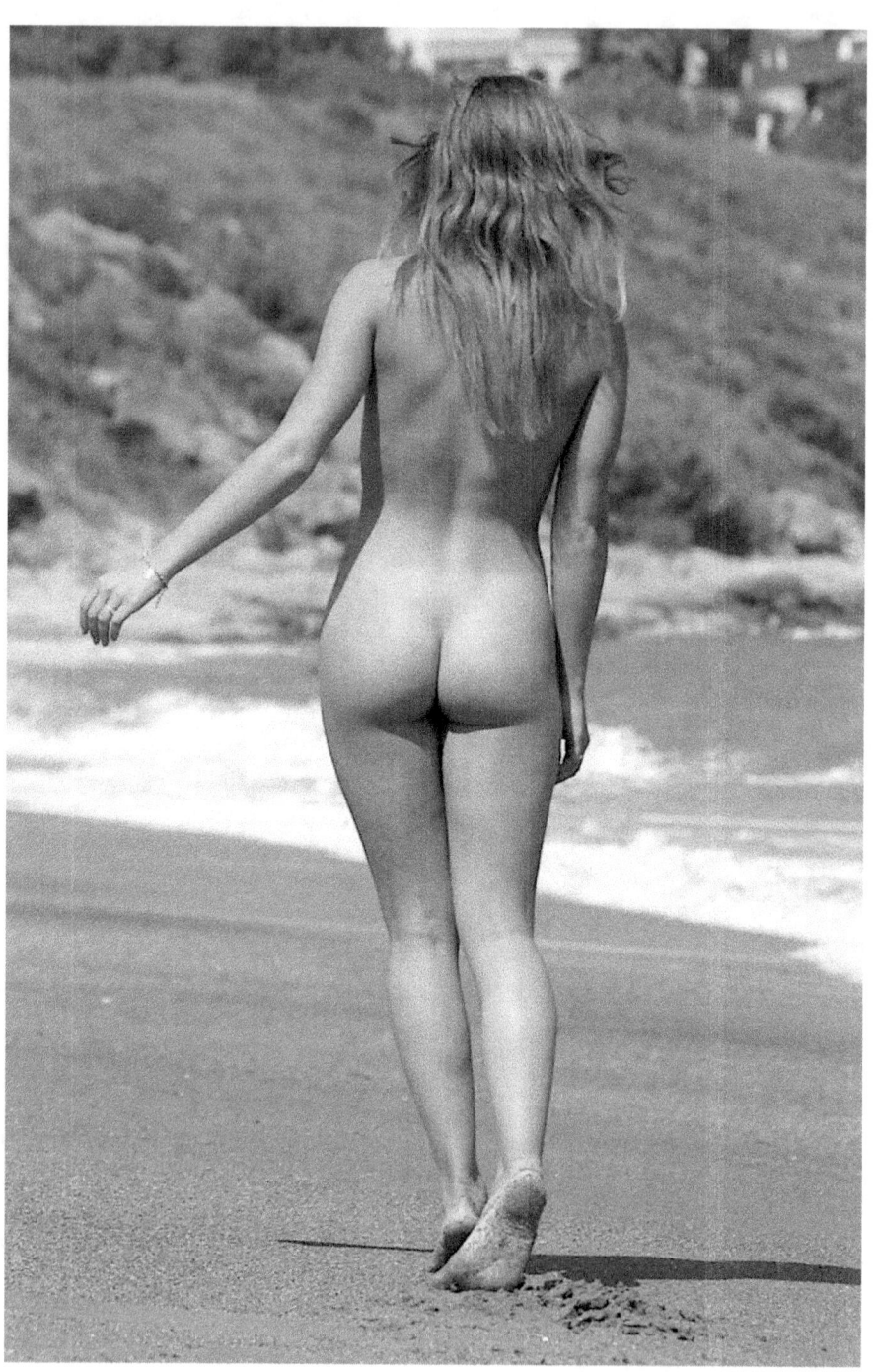

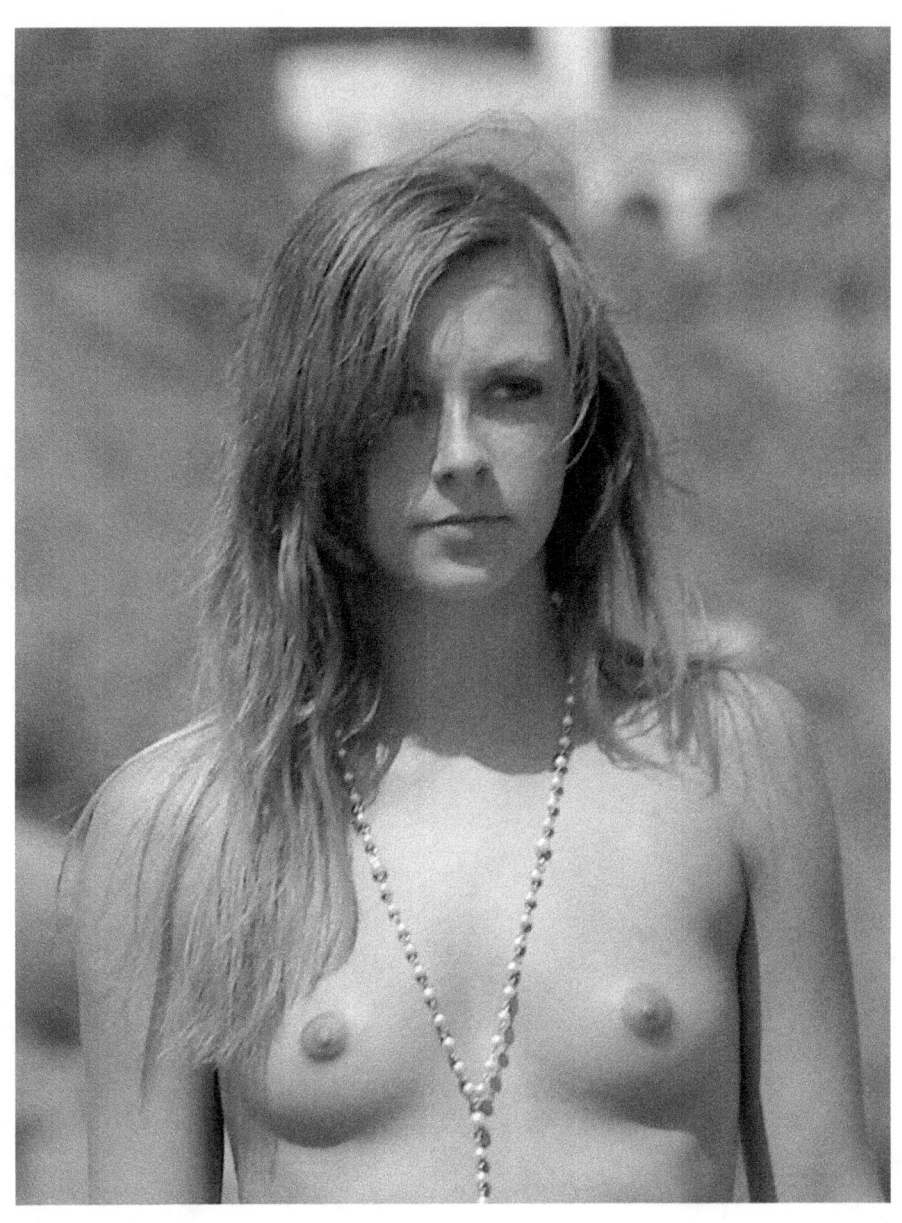

Die vorstehenden Bilder zeigen mein Model Franzi in der bucht von Sotogrande in Andalusien.
Die aufnahmen entstanden im Rahmen eines Fotowettbewerbs.
Franzi besticht durch ihre juendliche Natürlichkeit und hat sich trotz der niedrigen Temperaturen sogar ins Wasser getraut.

Weiter geht es auf den nächsten Seiten mit dem Model Eileen.

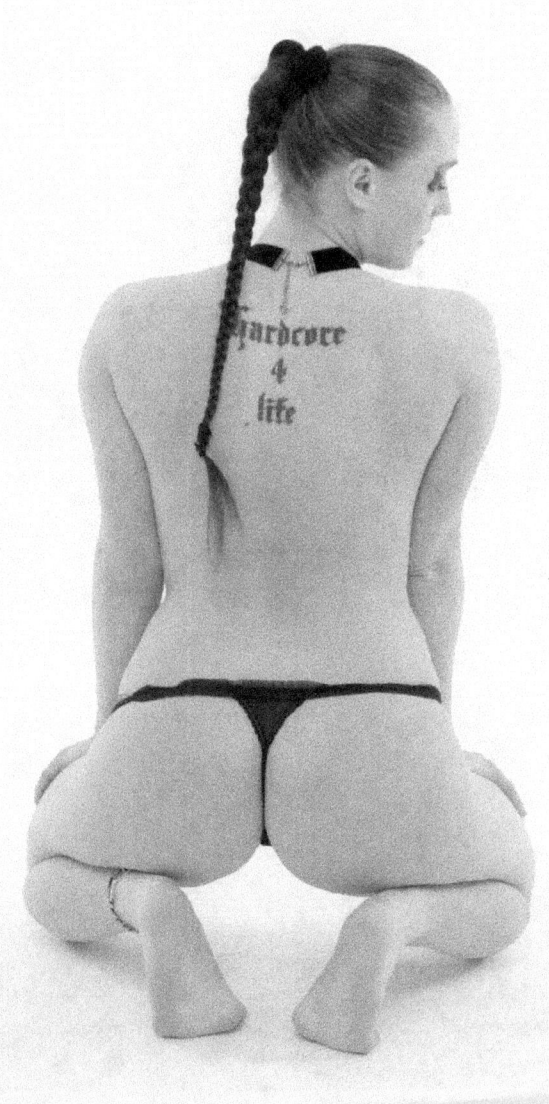

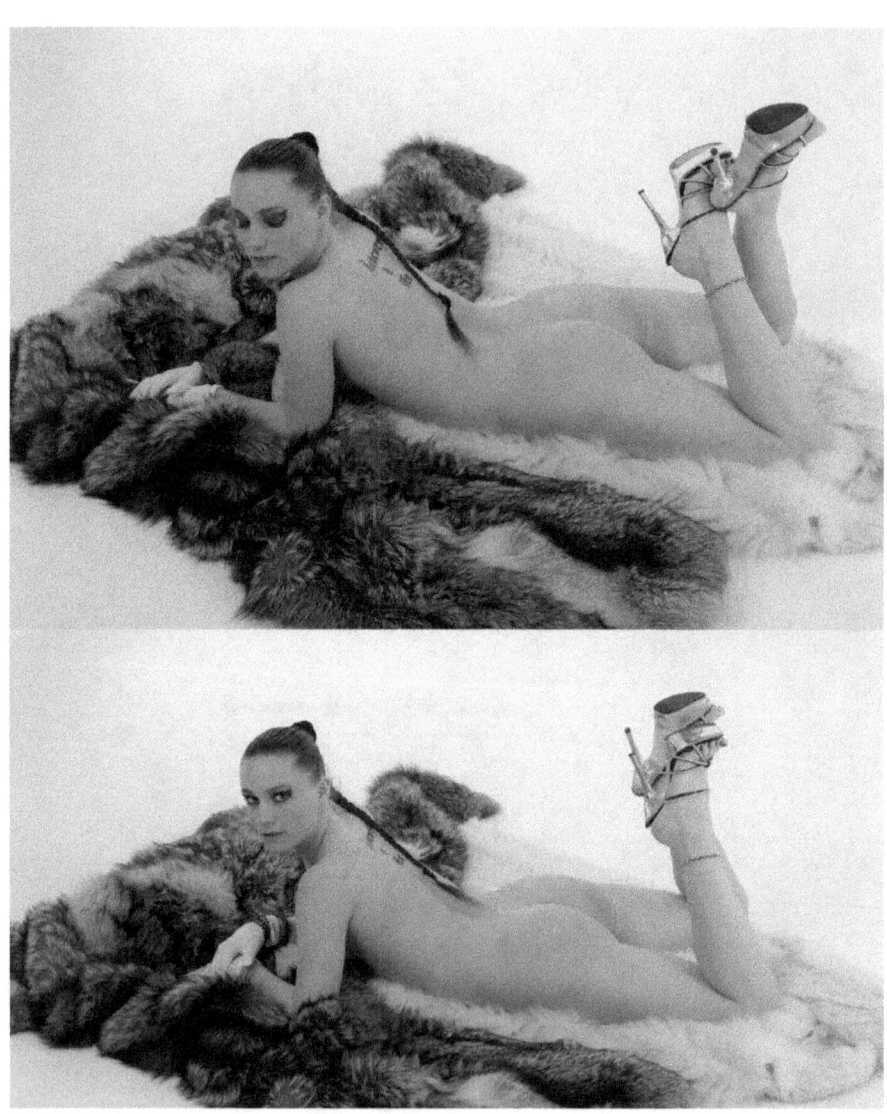

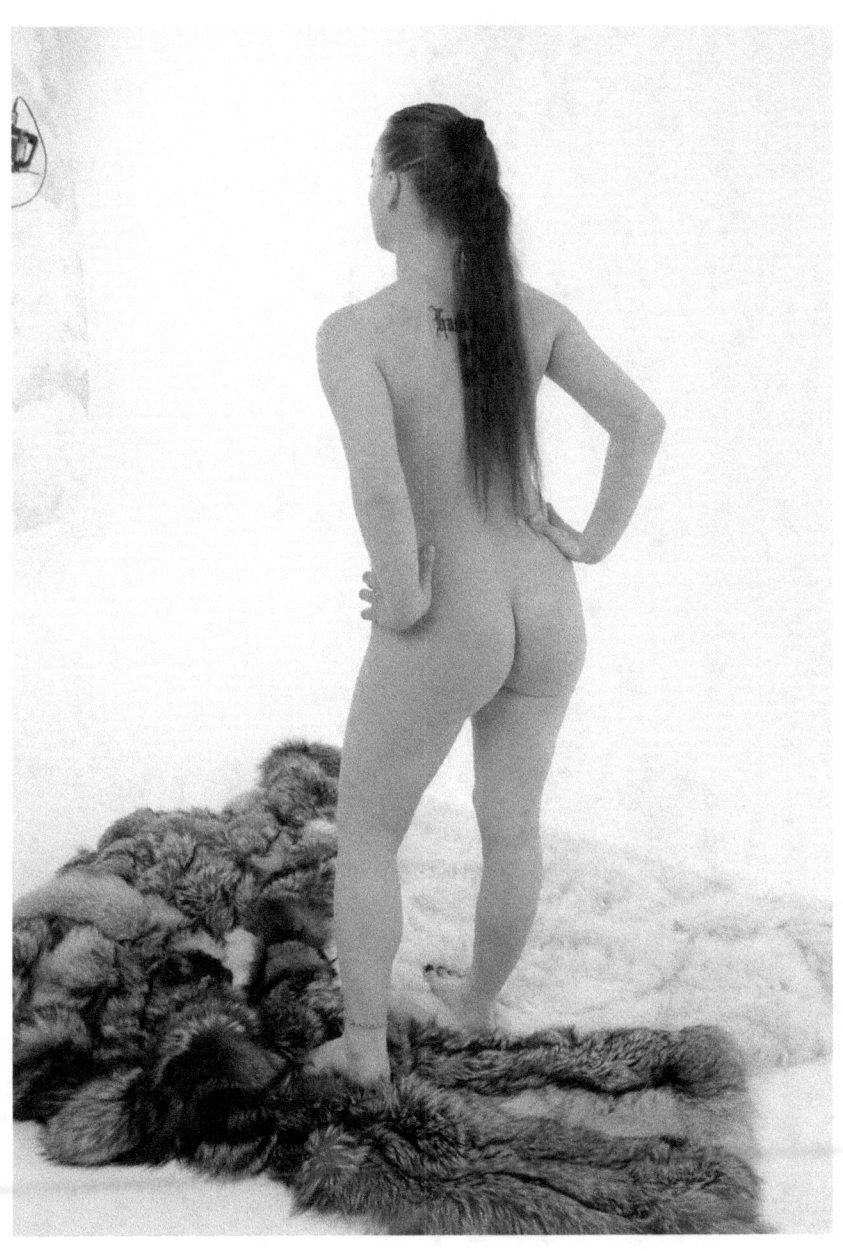

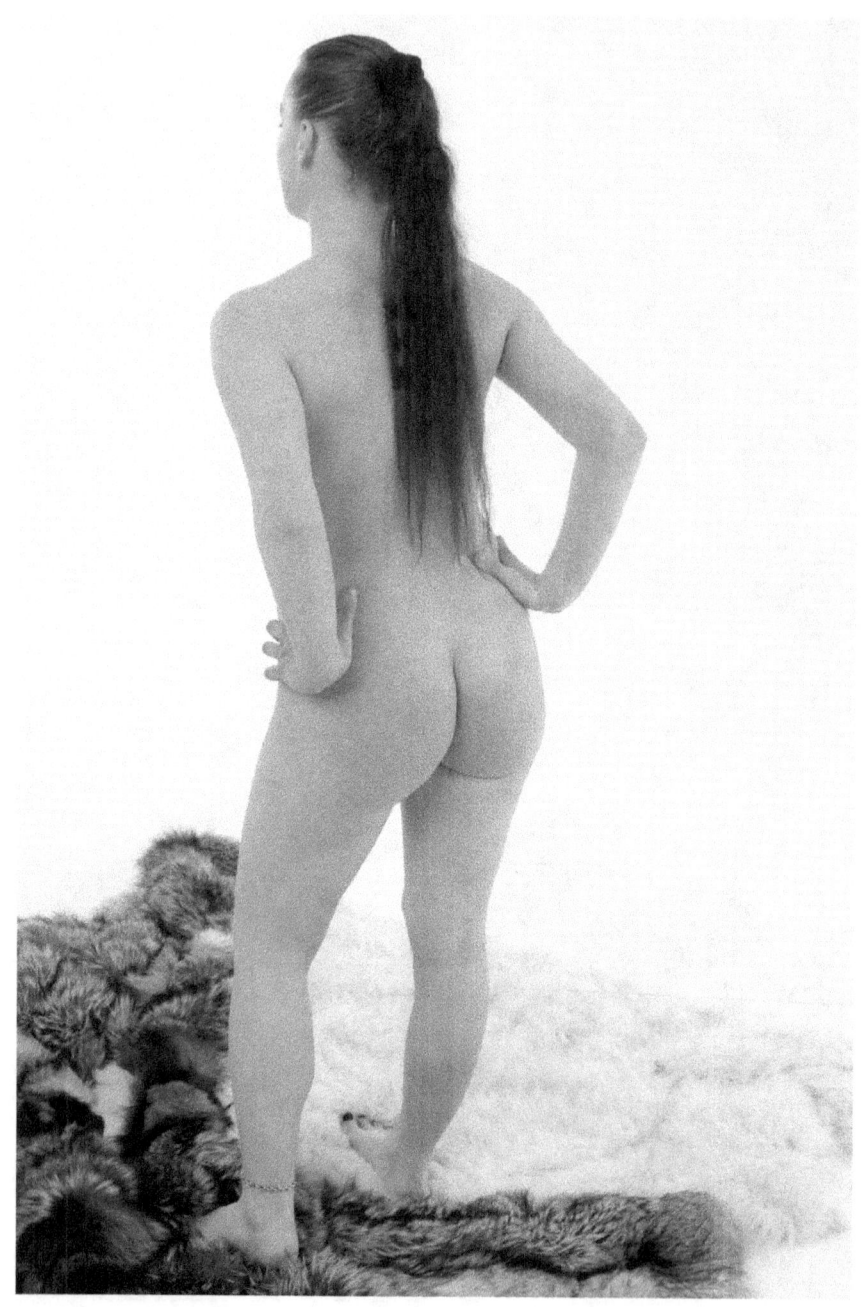

Turbomaus

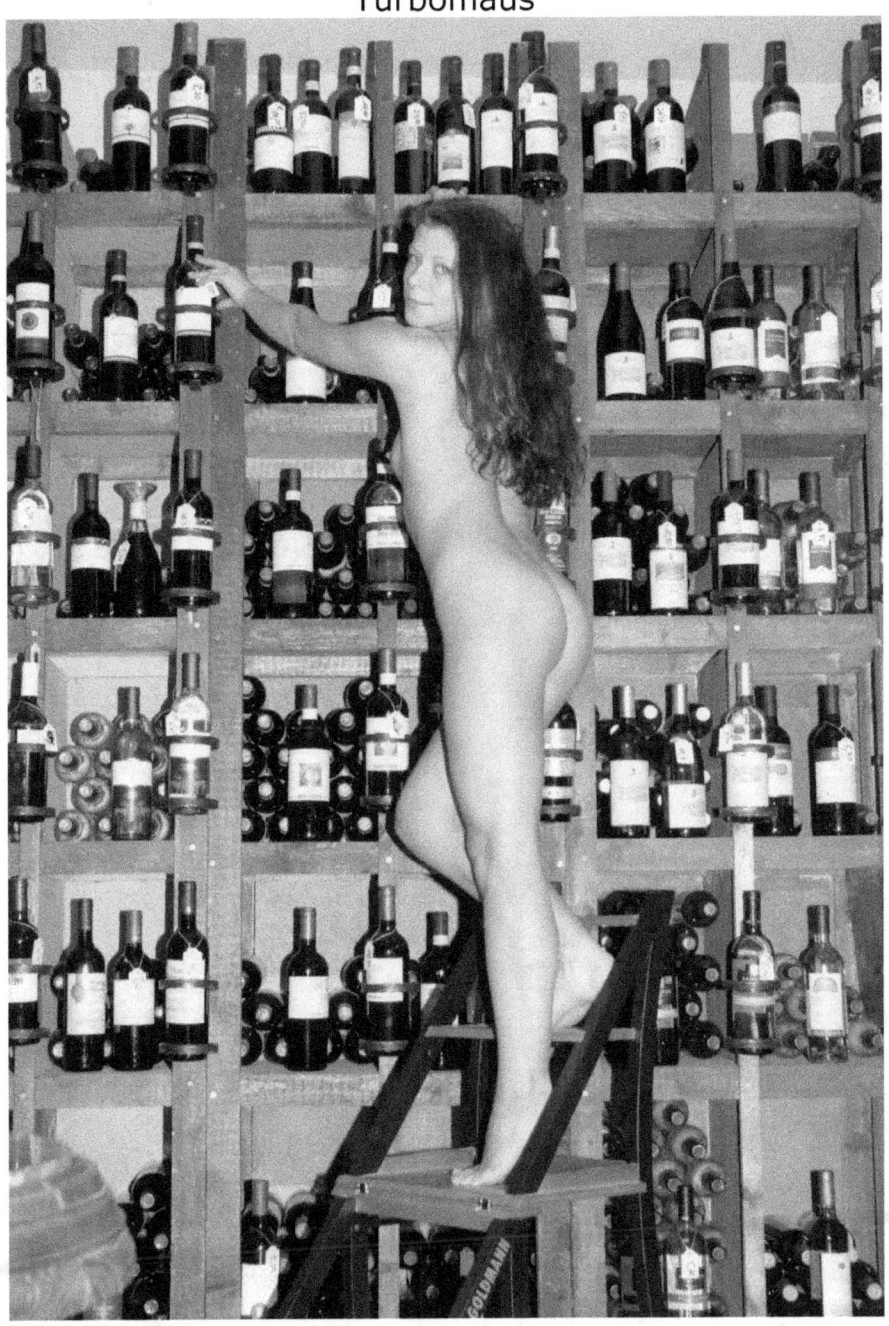

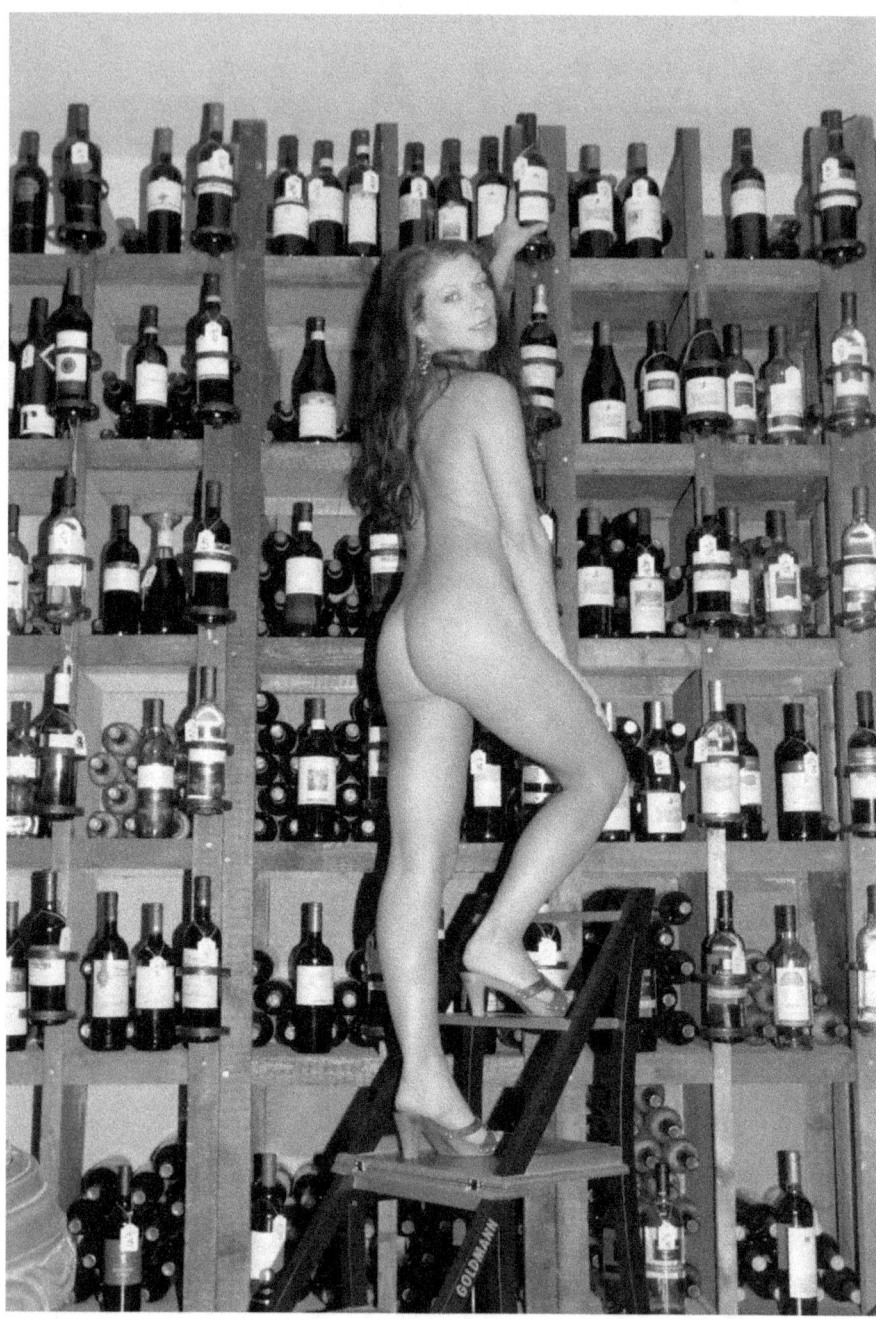

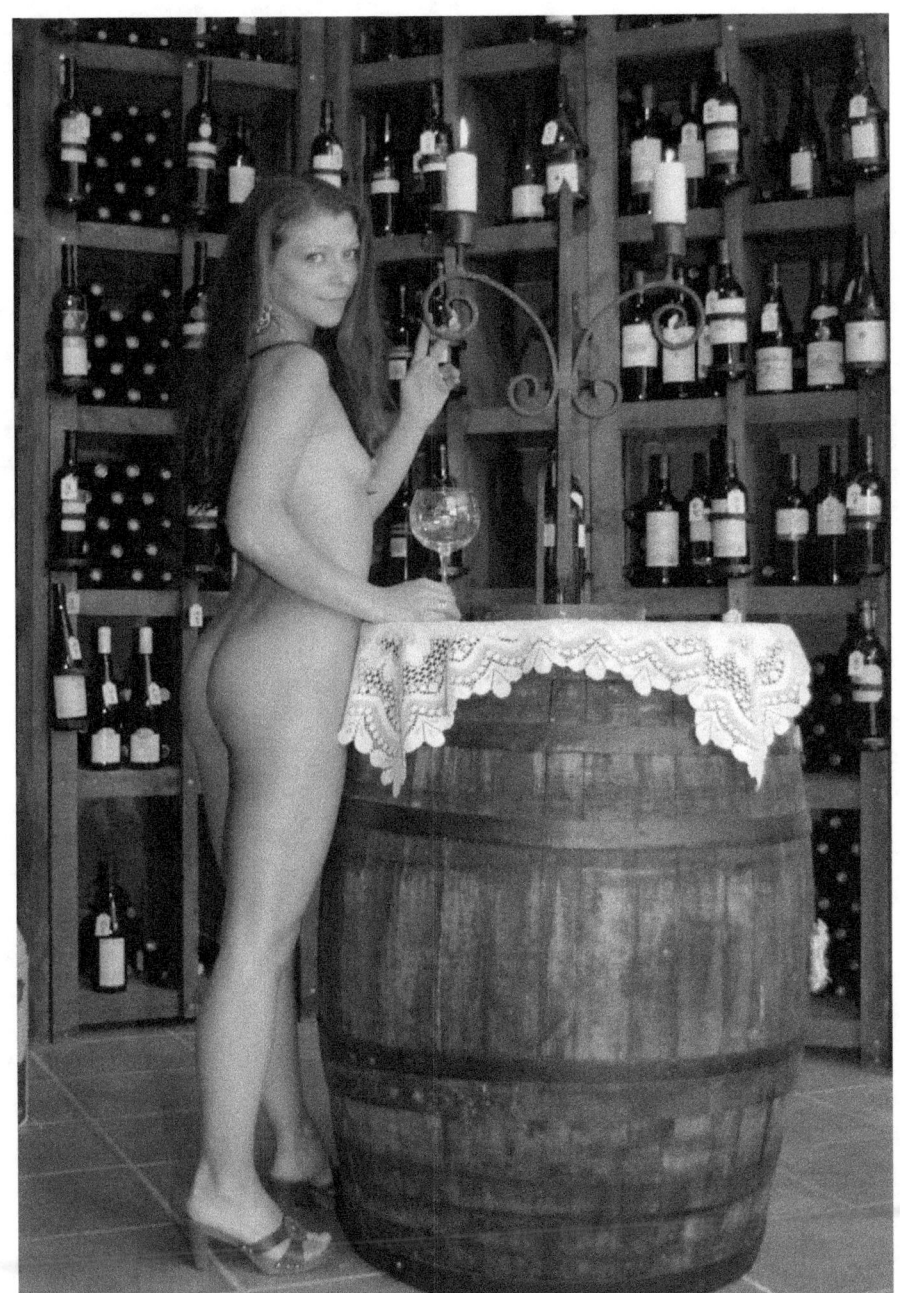

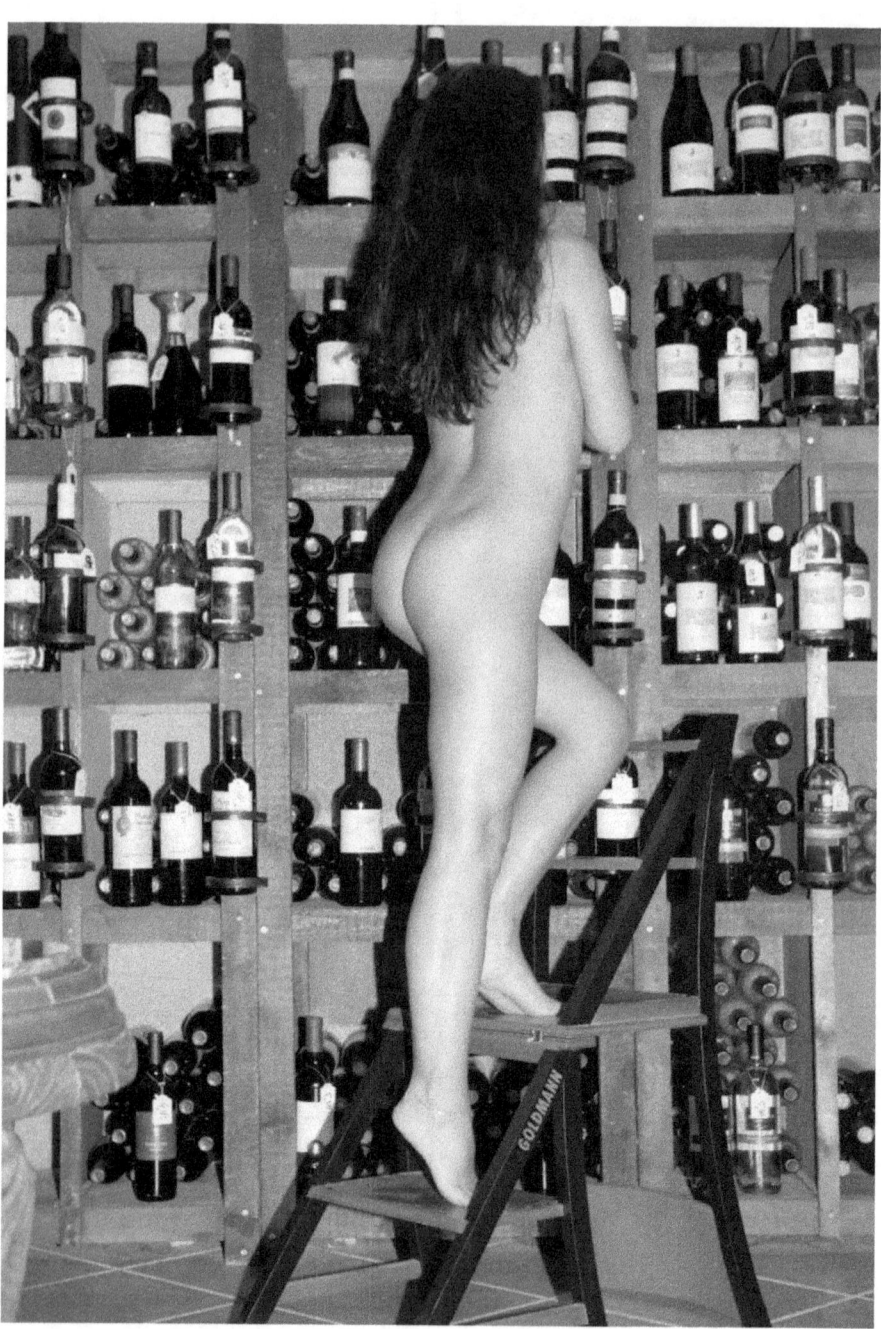

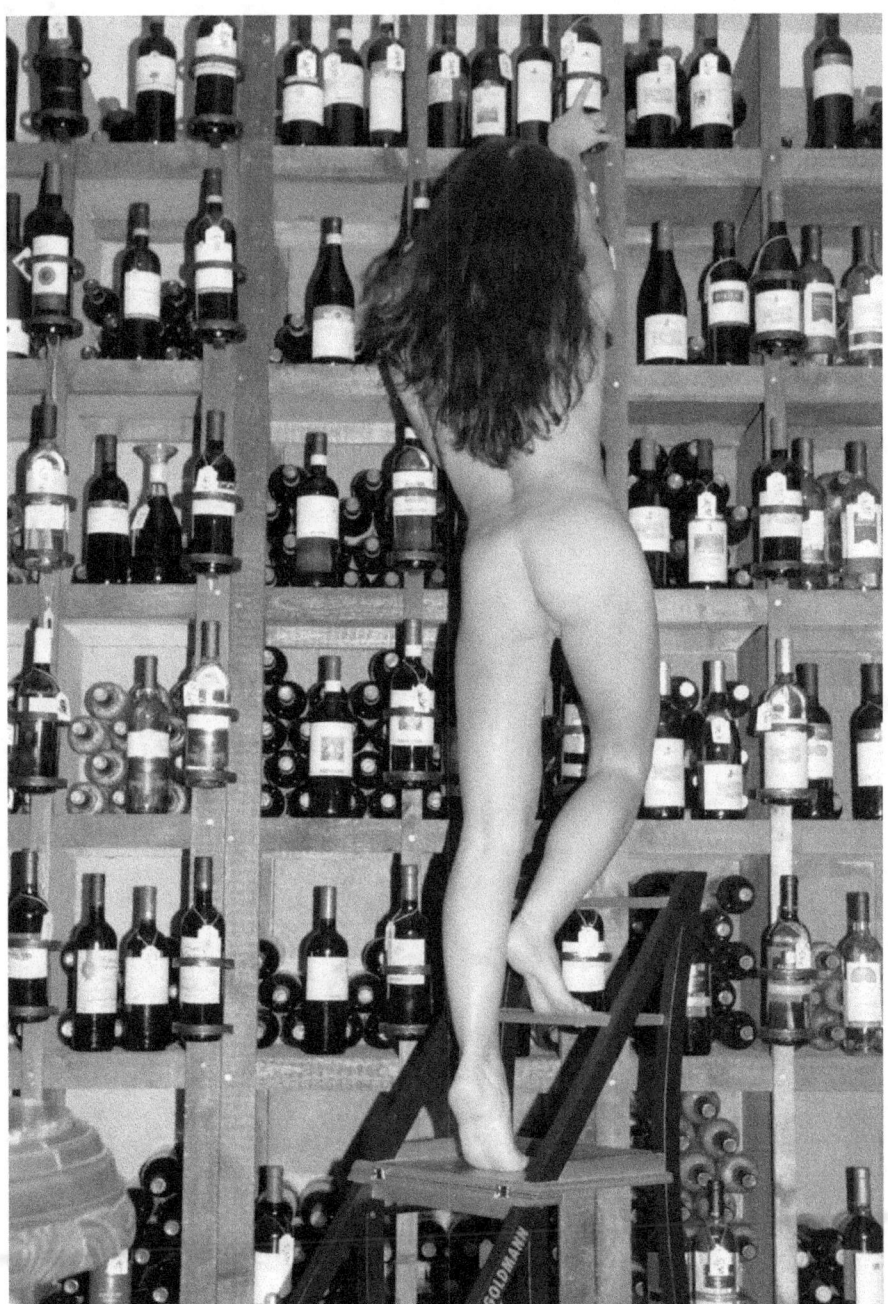

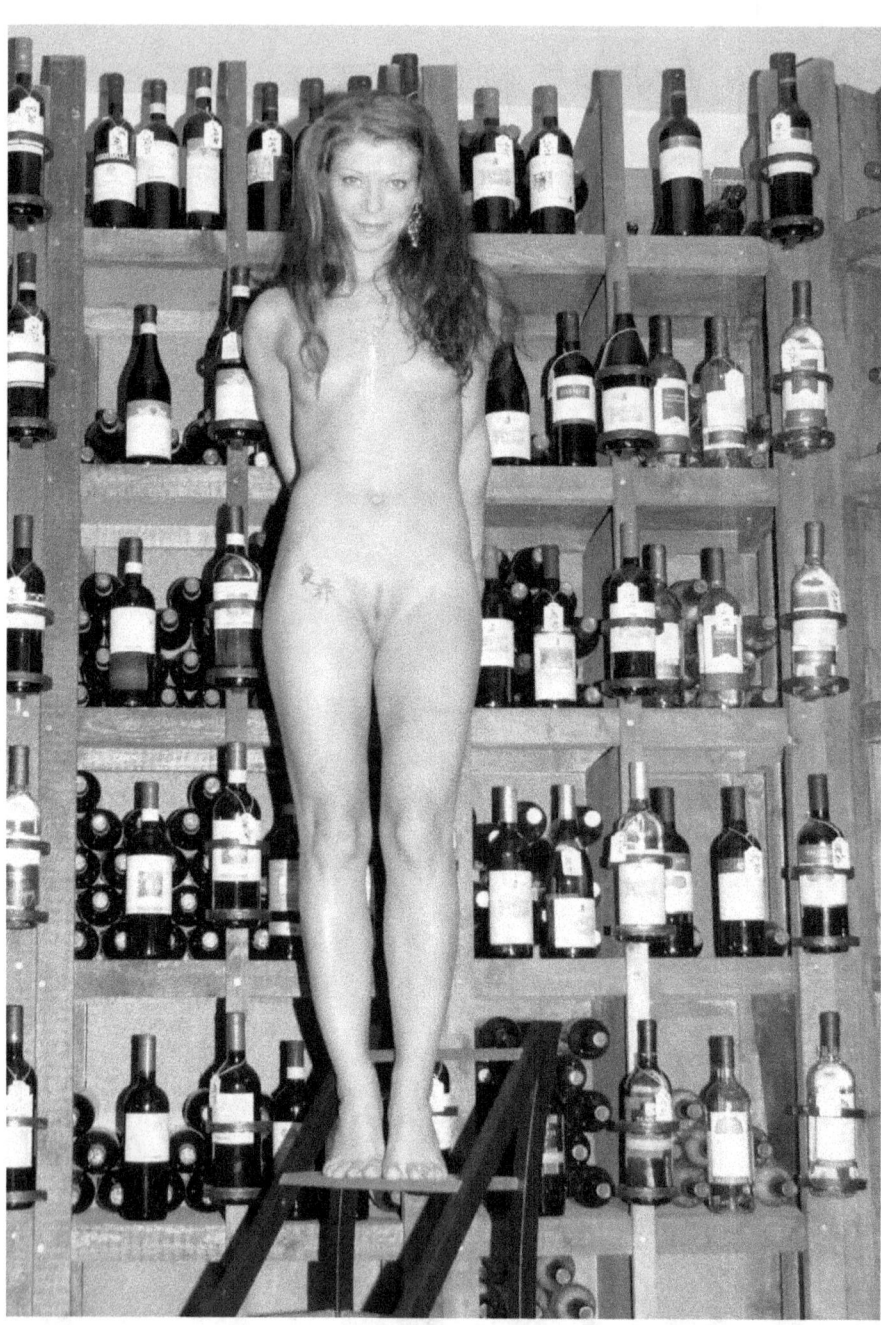

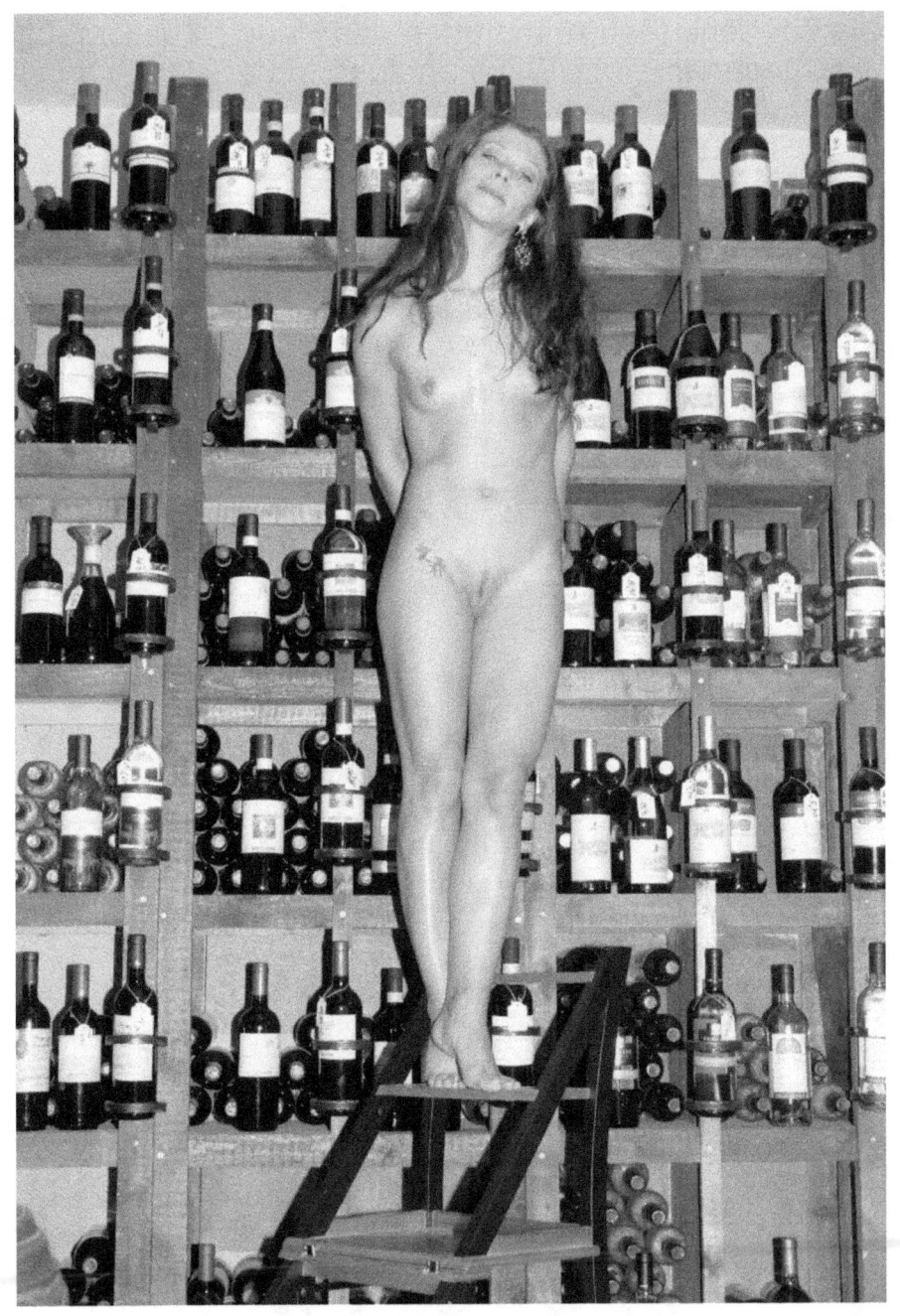

Die vorstehenden Aufnahmen des Models Turbomaus entstanden in einer Weinhandlung in der Nähe von Hamburg.
Ausgeleuchtet mit einer Batterie von Bauscheinwerfern.

Es folgen hier Fotos des Models Dayana. Dayana hat eine sehr natürliche Ausstrahlung und verstand es sich schön in Pose zu stellen. Die erste Aufnahm wurde auf der Dachterasse der Ostseetherme gemacht.

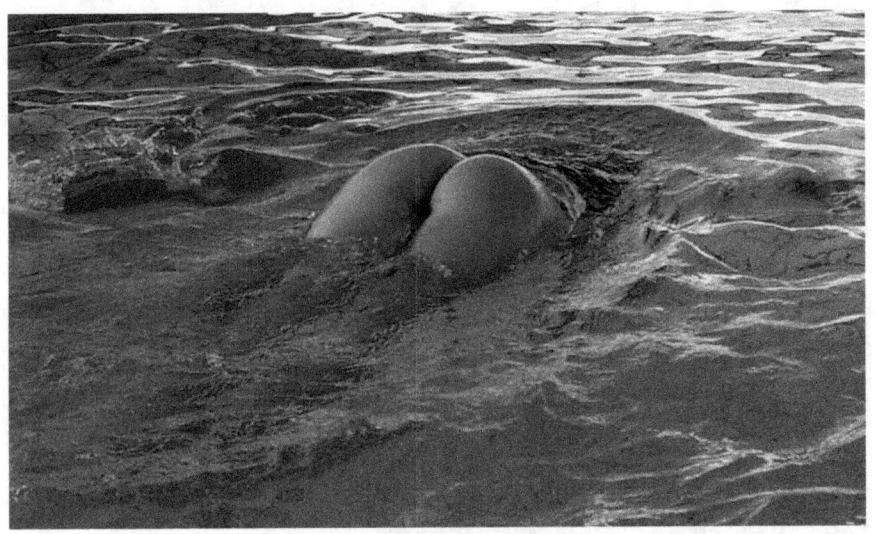

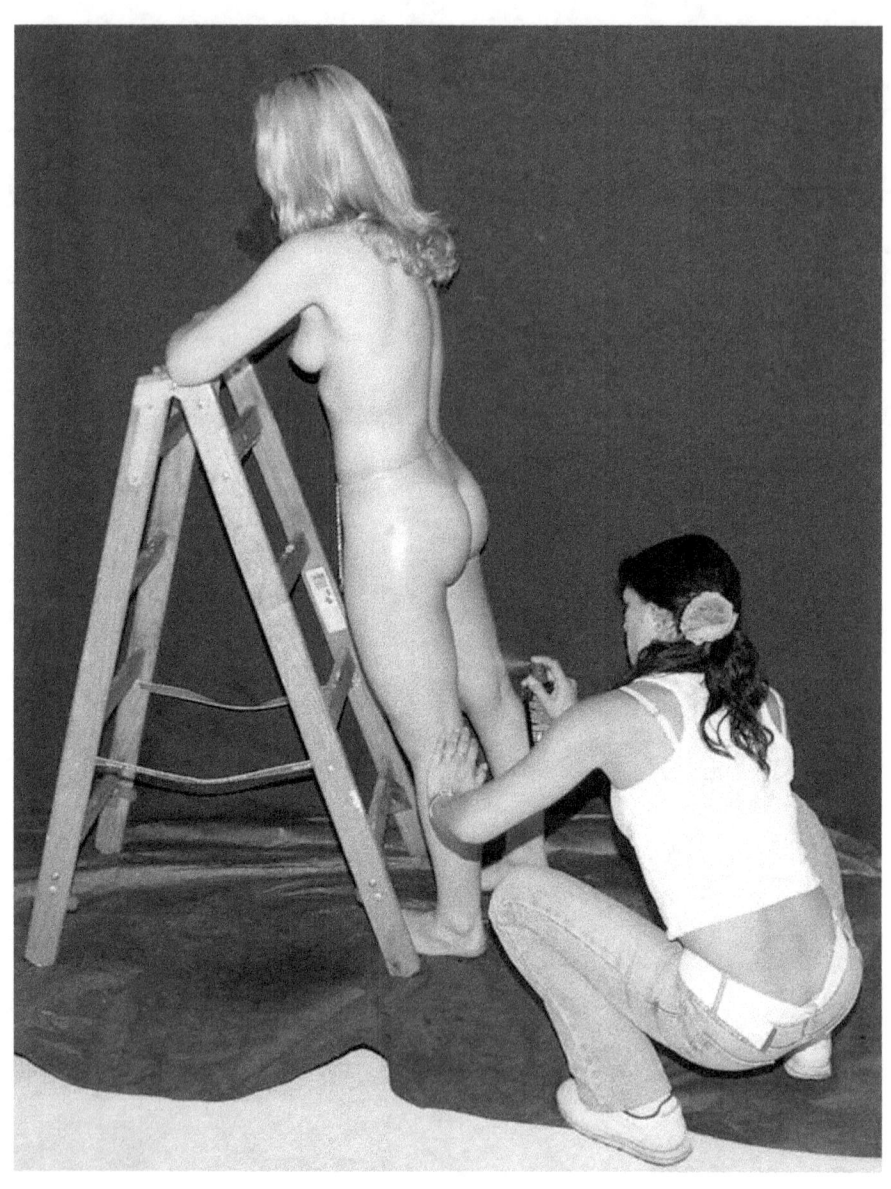

Ein Making Of Foto in unserem Kellerstudio.
Einfacher Systemblitz.

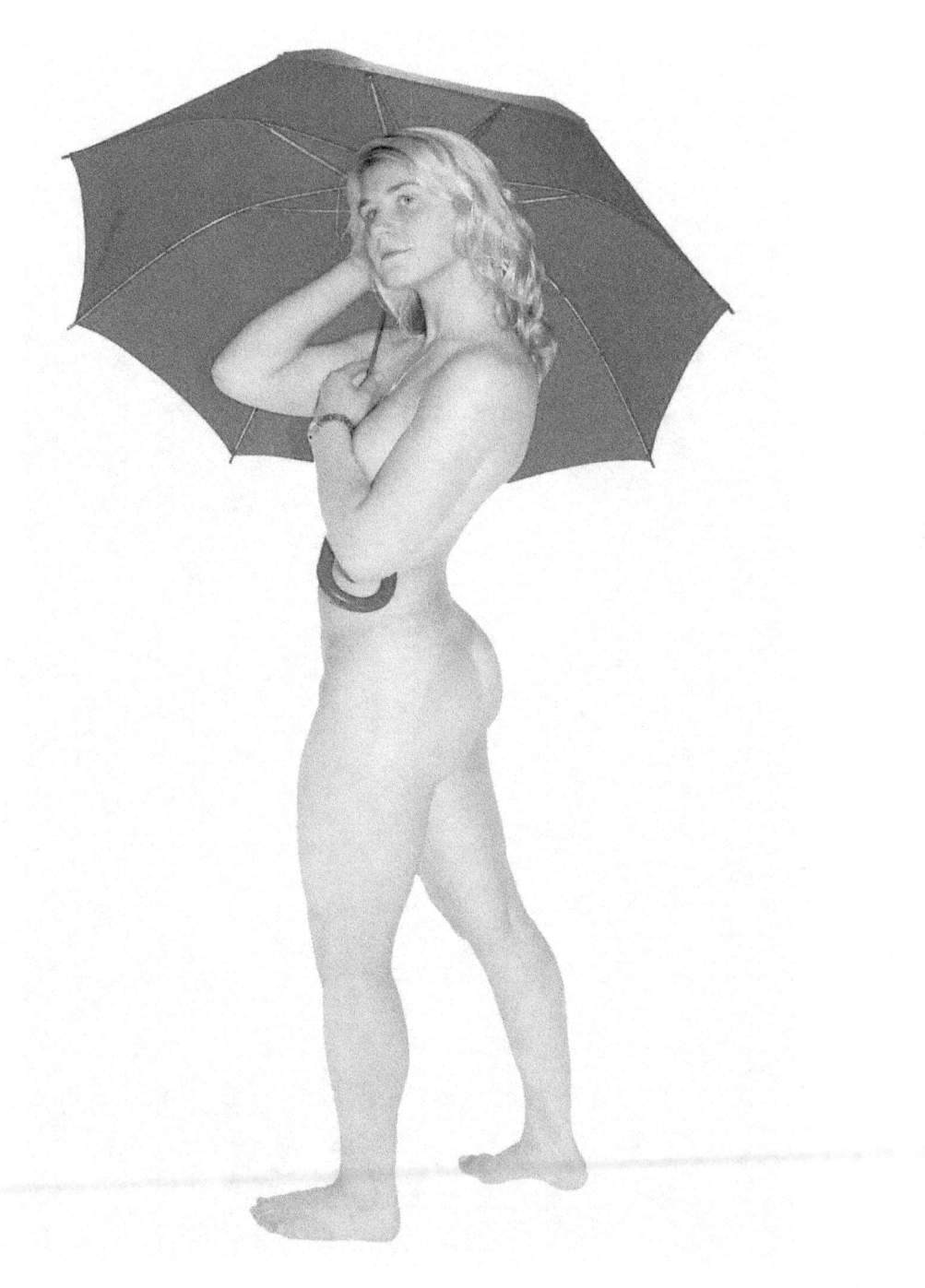

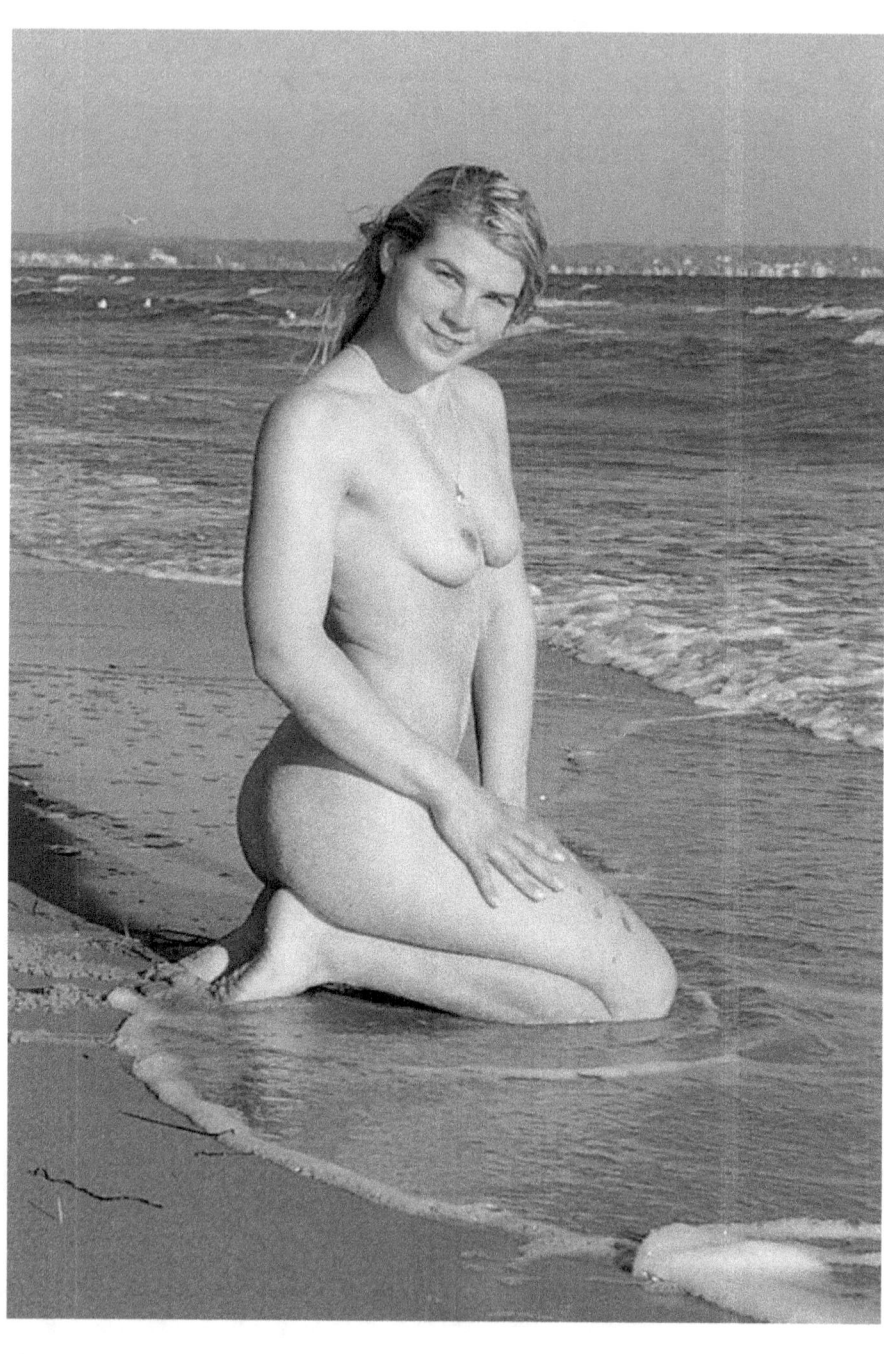

Unser Model janina am Ostseestrand bei Hakensee

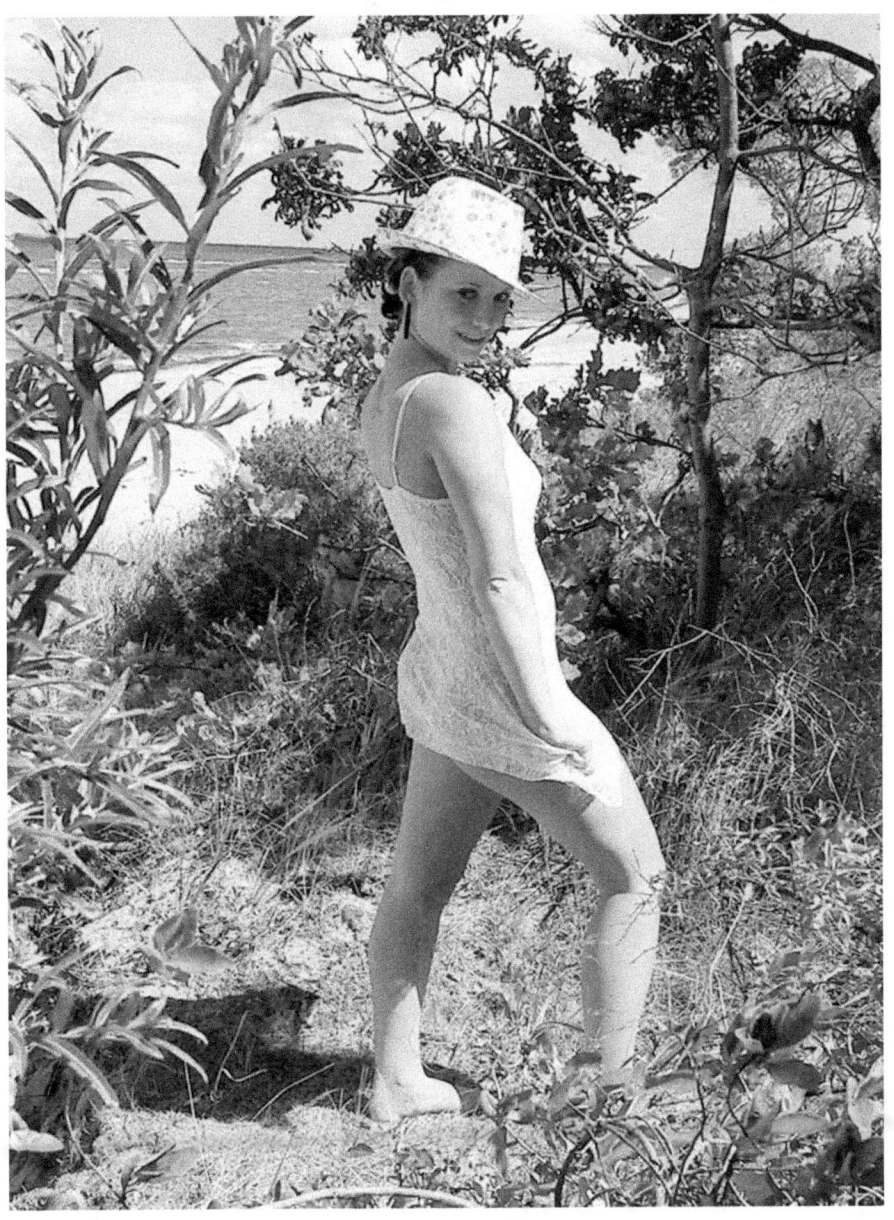

Model Tetjana für einen Kalenden

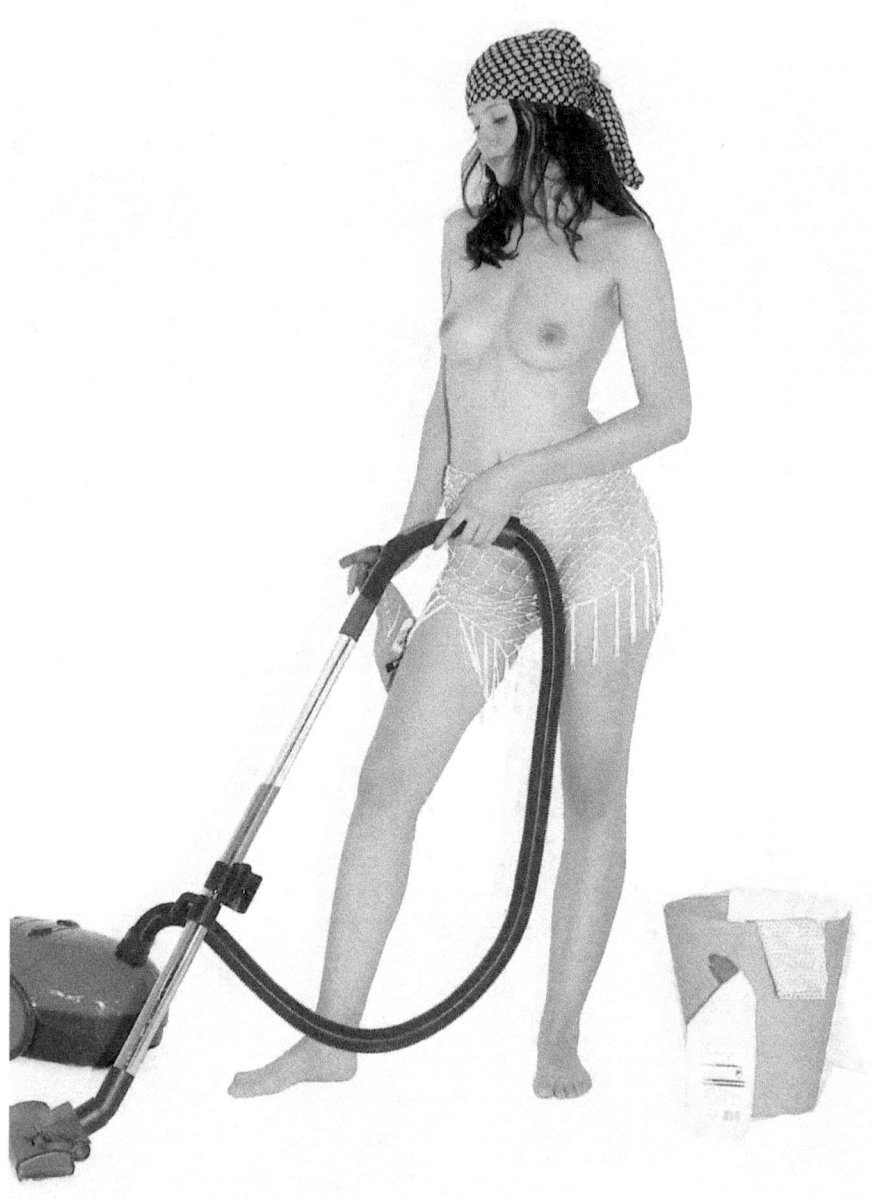

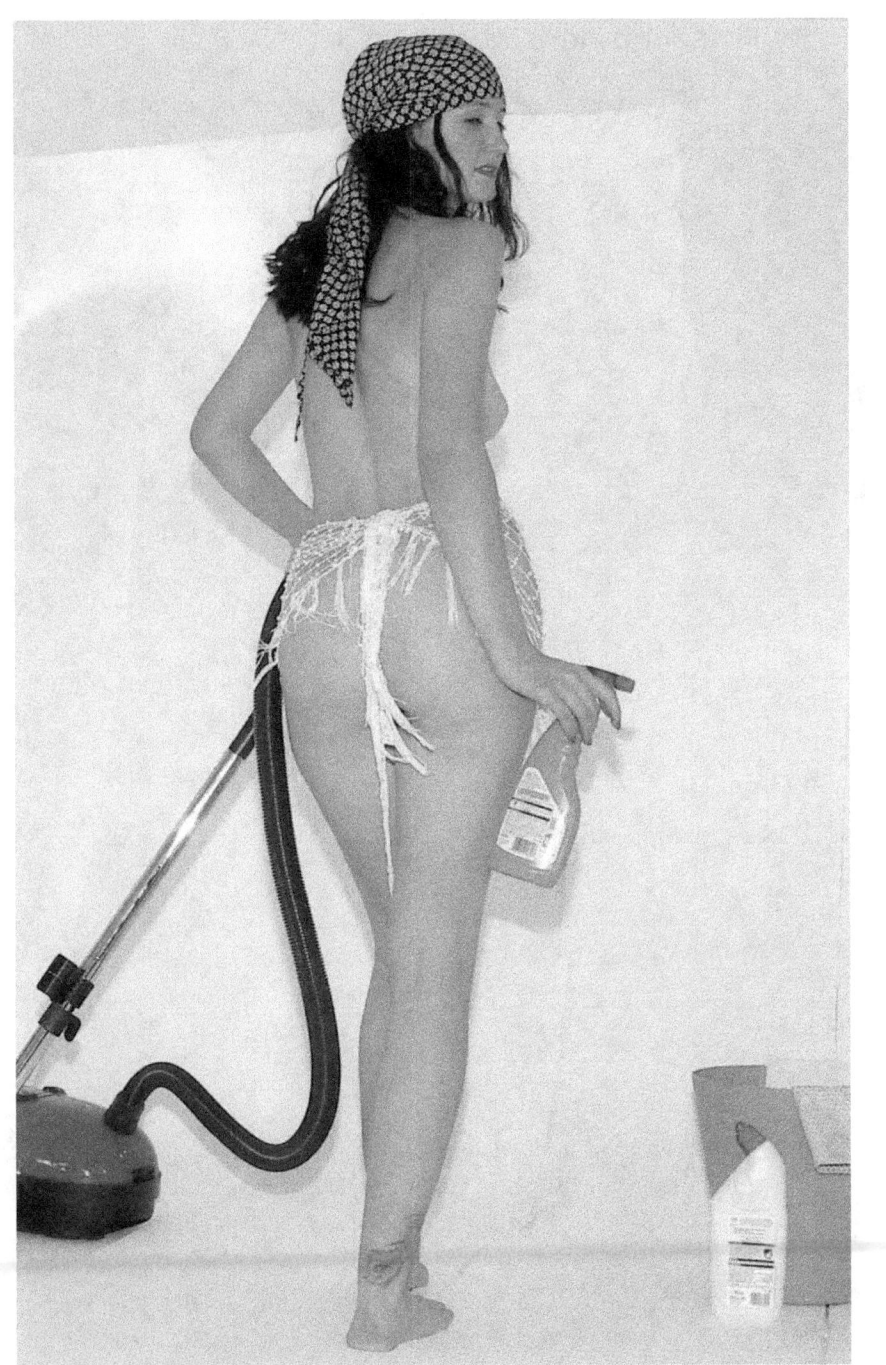

Model Franzi an der Ostsee

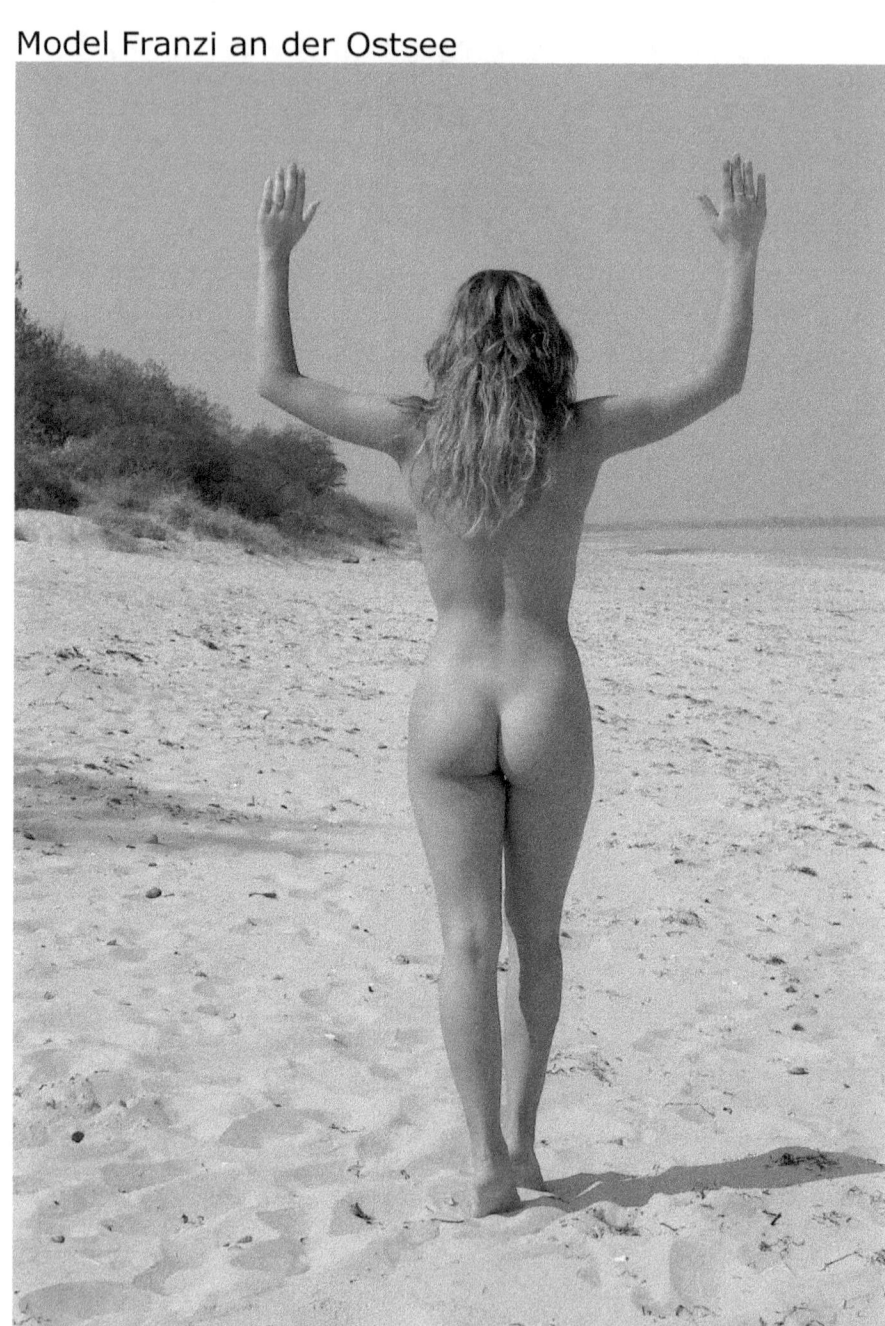

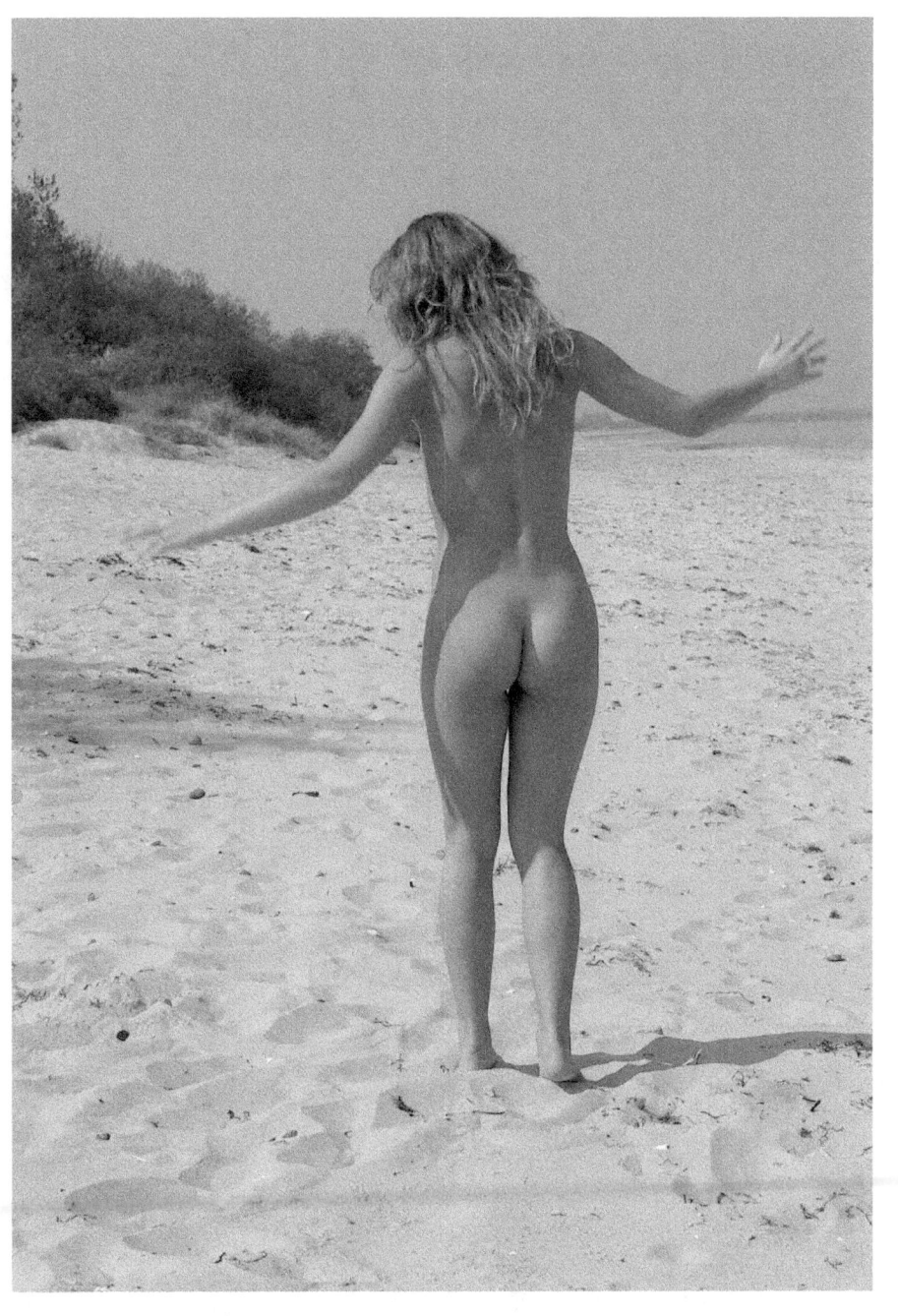

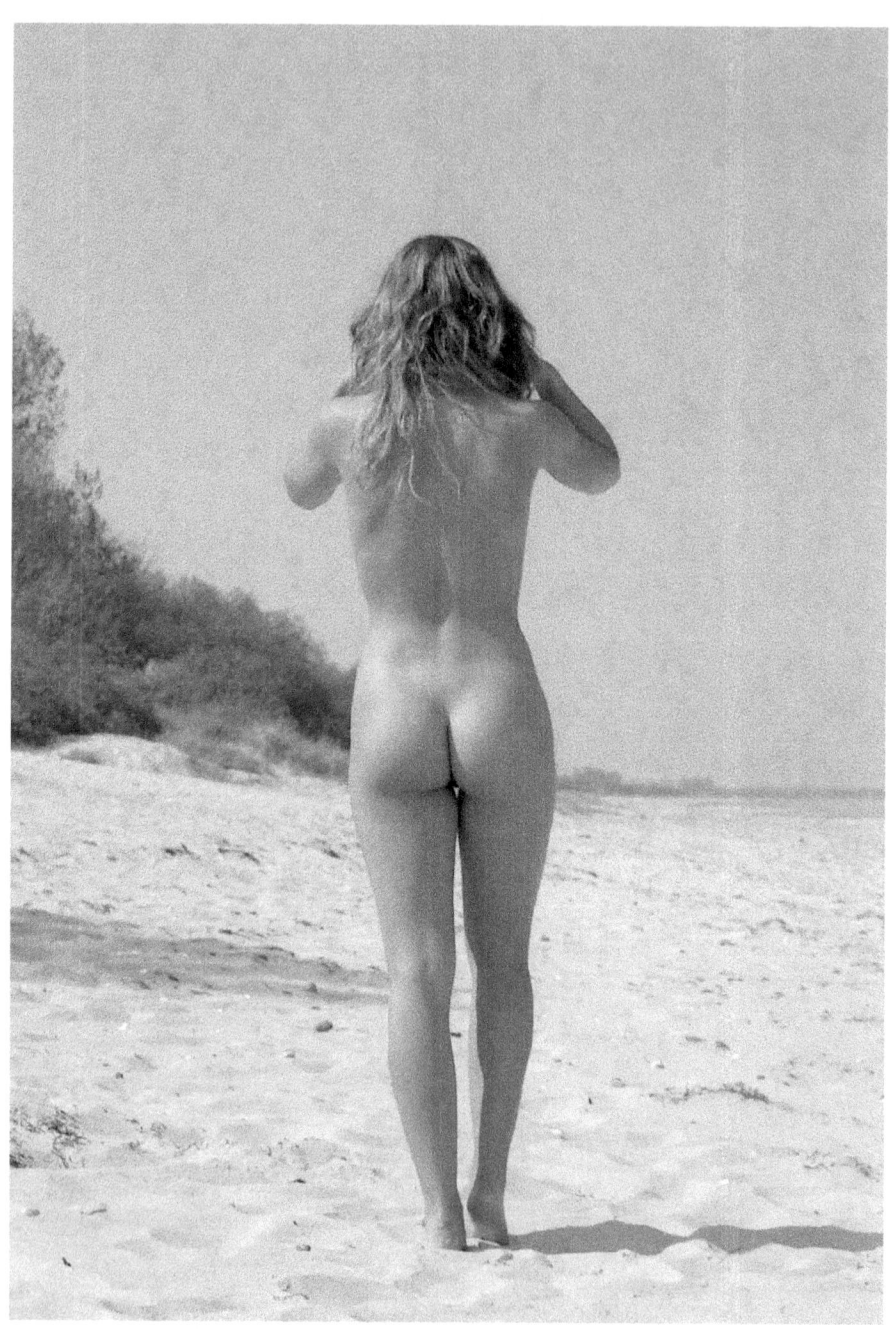

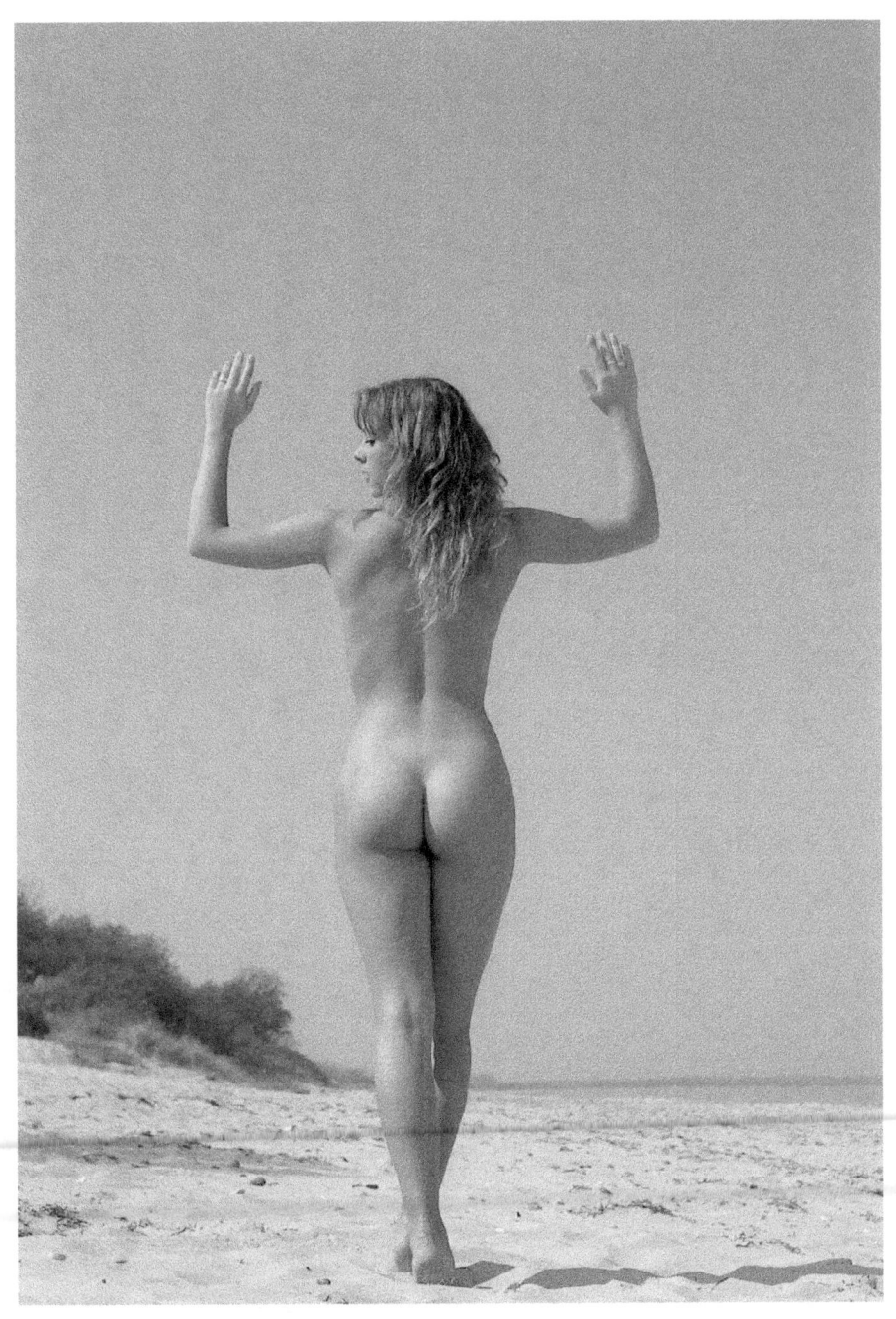

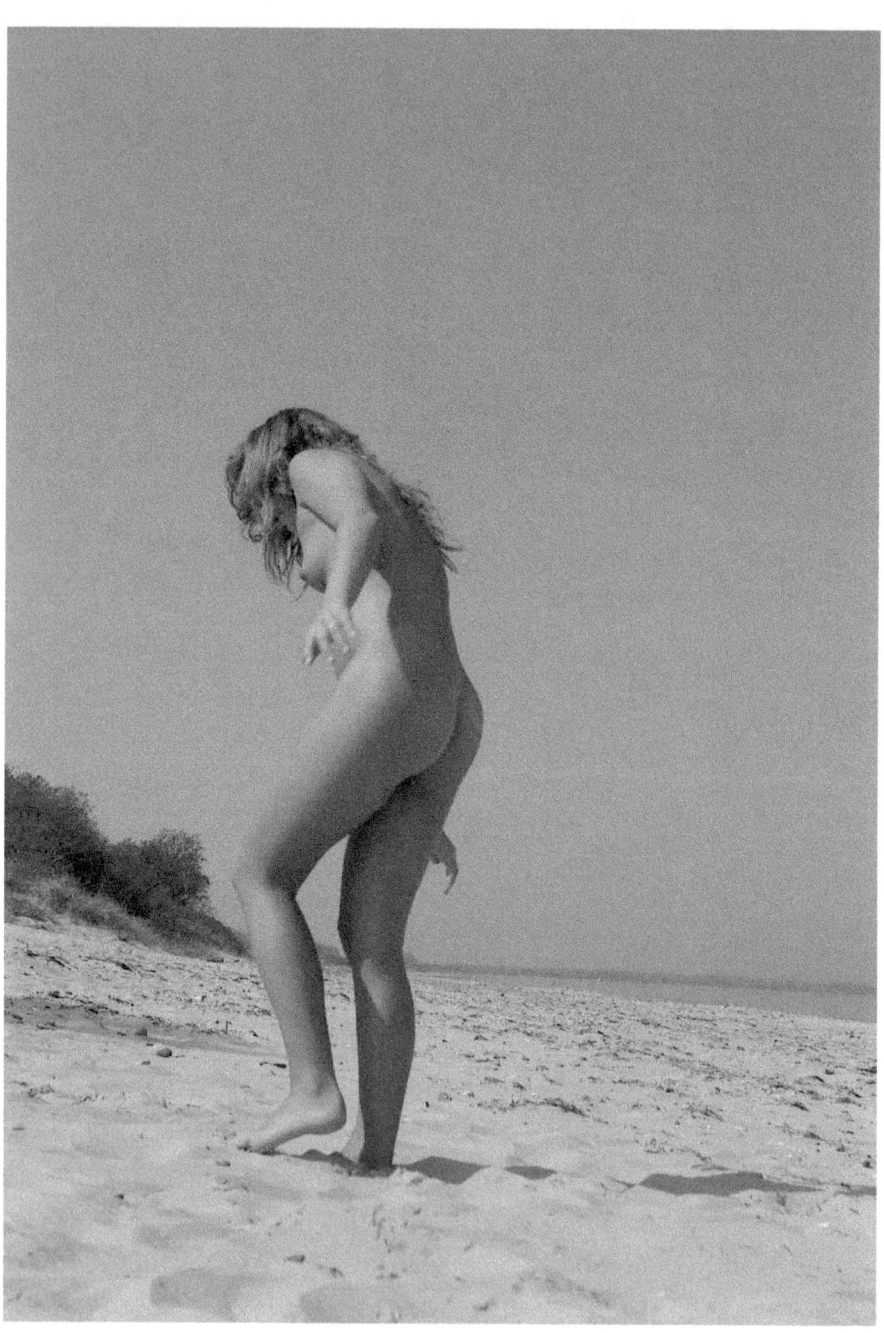

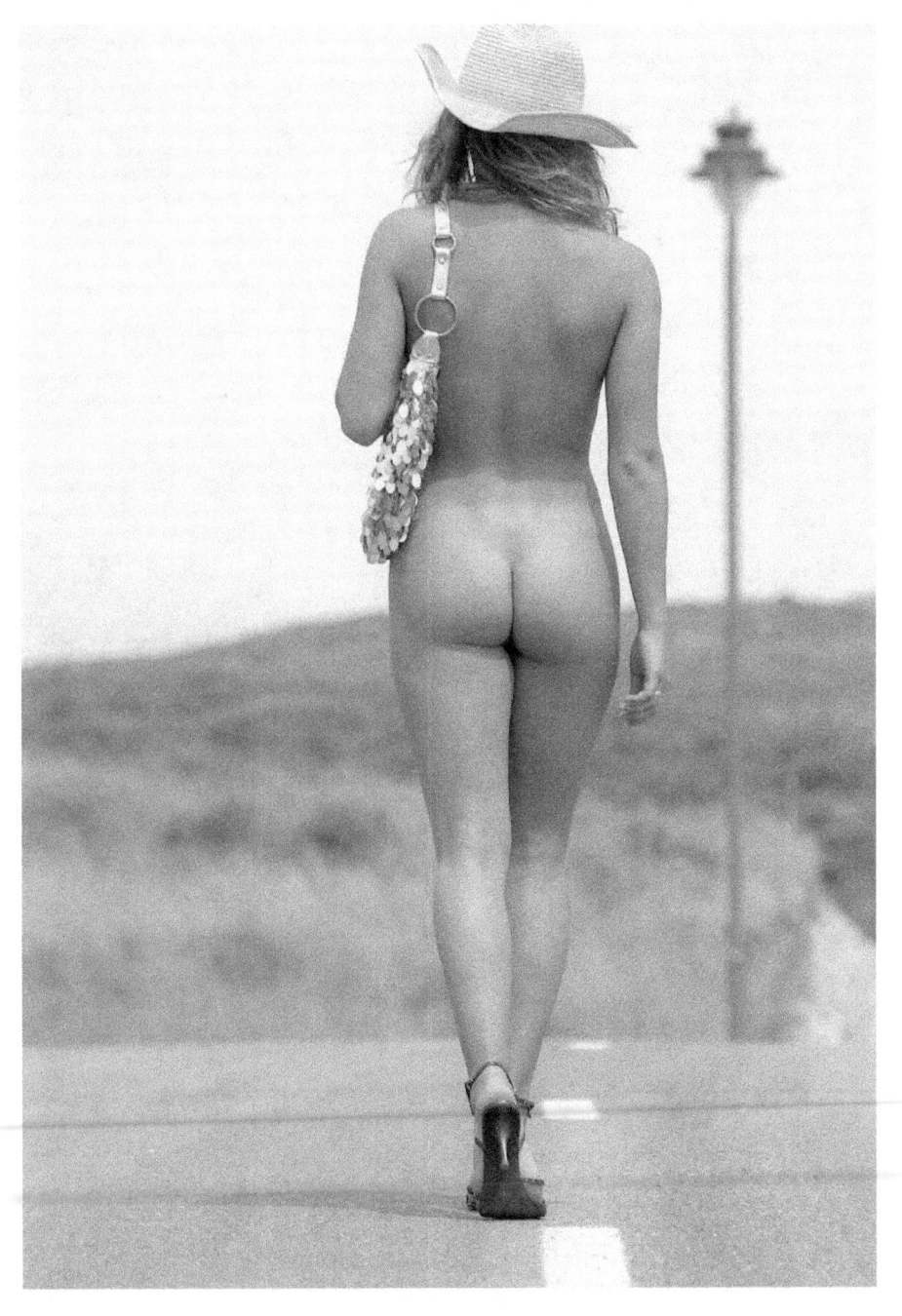

Franzi auf den Straßen einer neuen Urbanisation

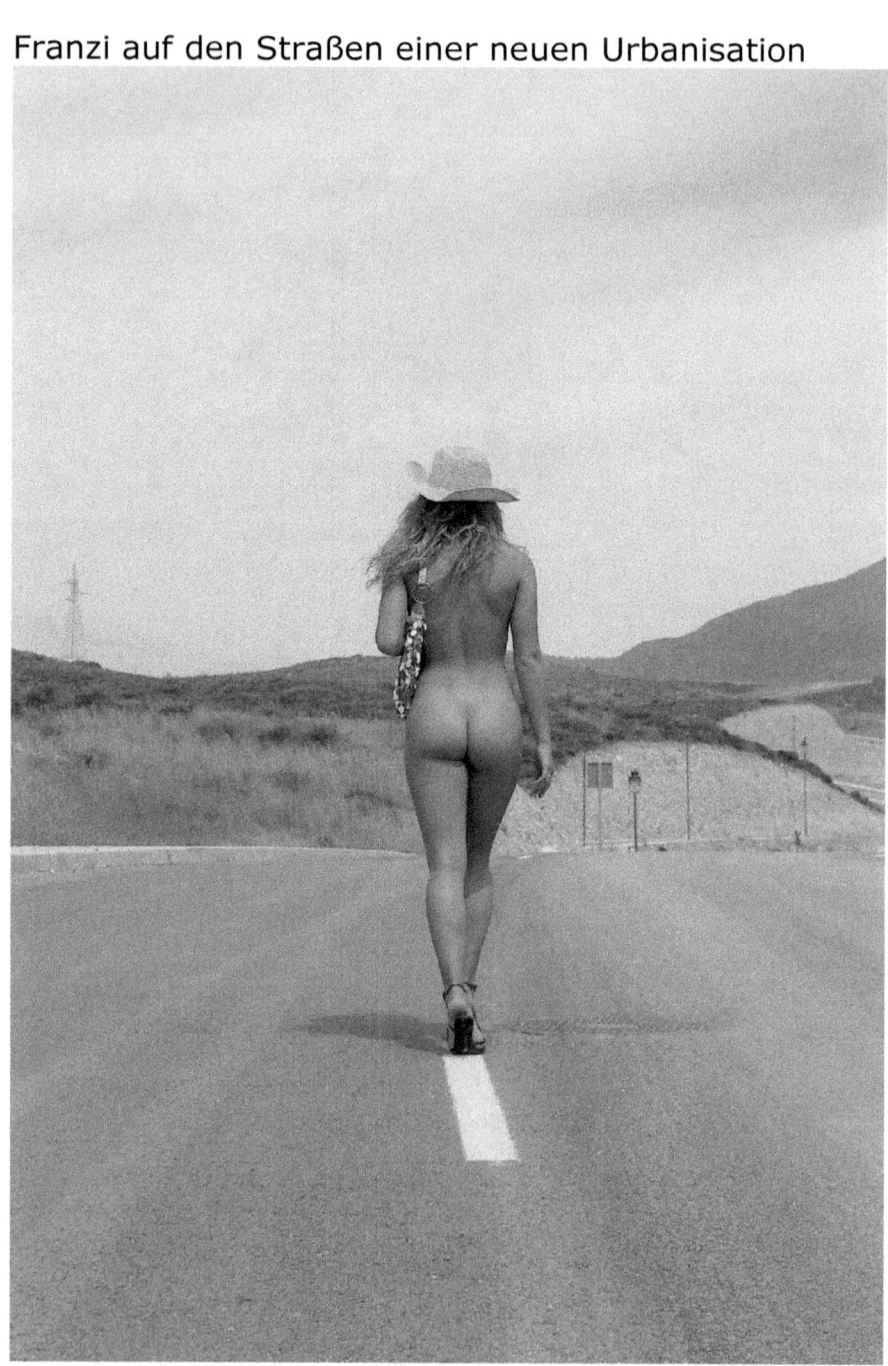

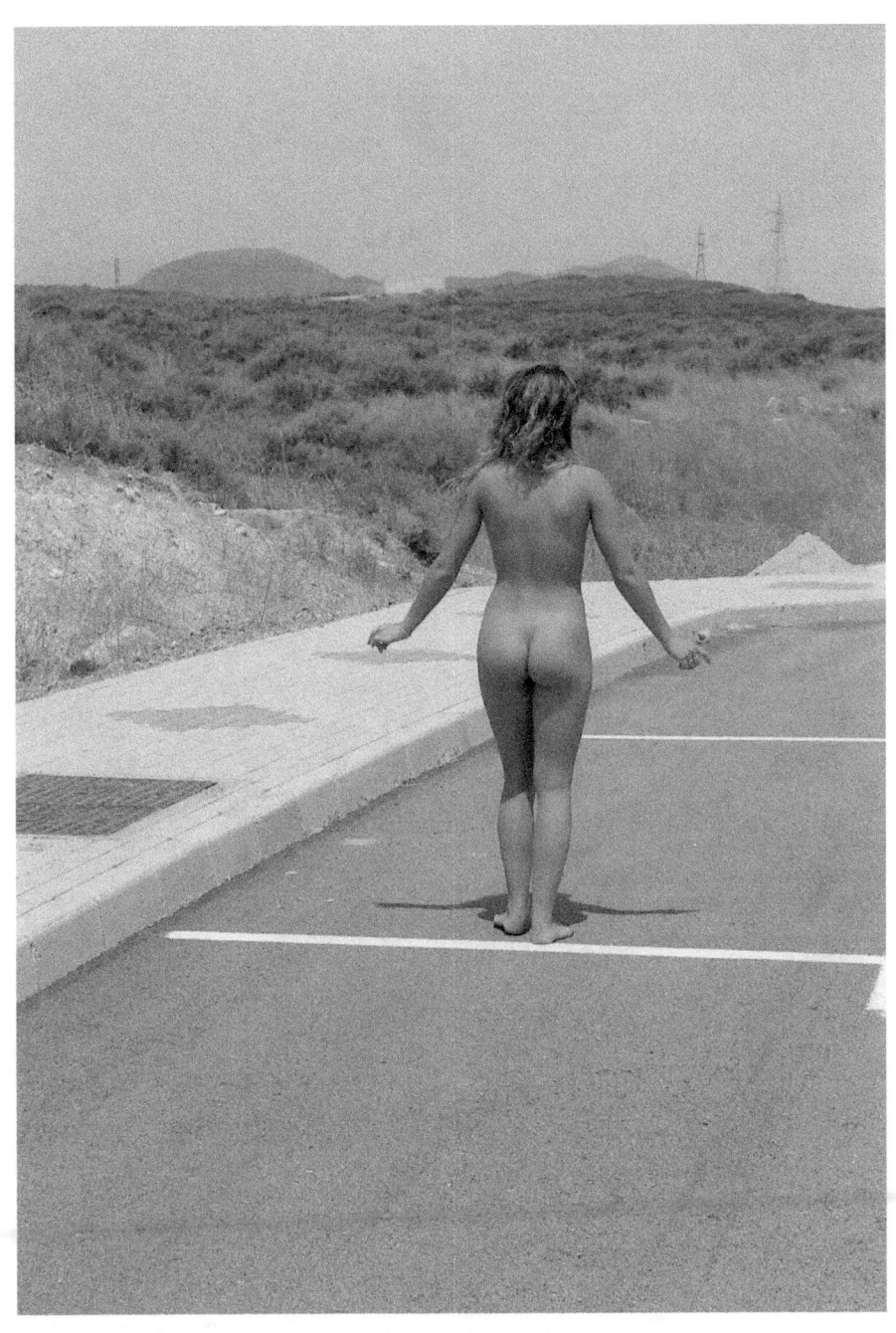

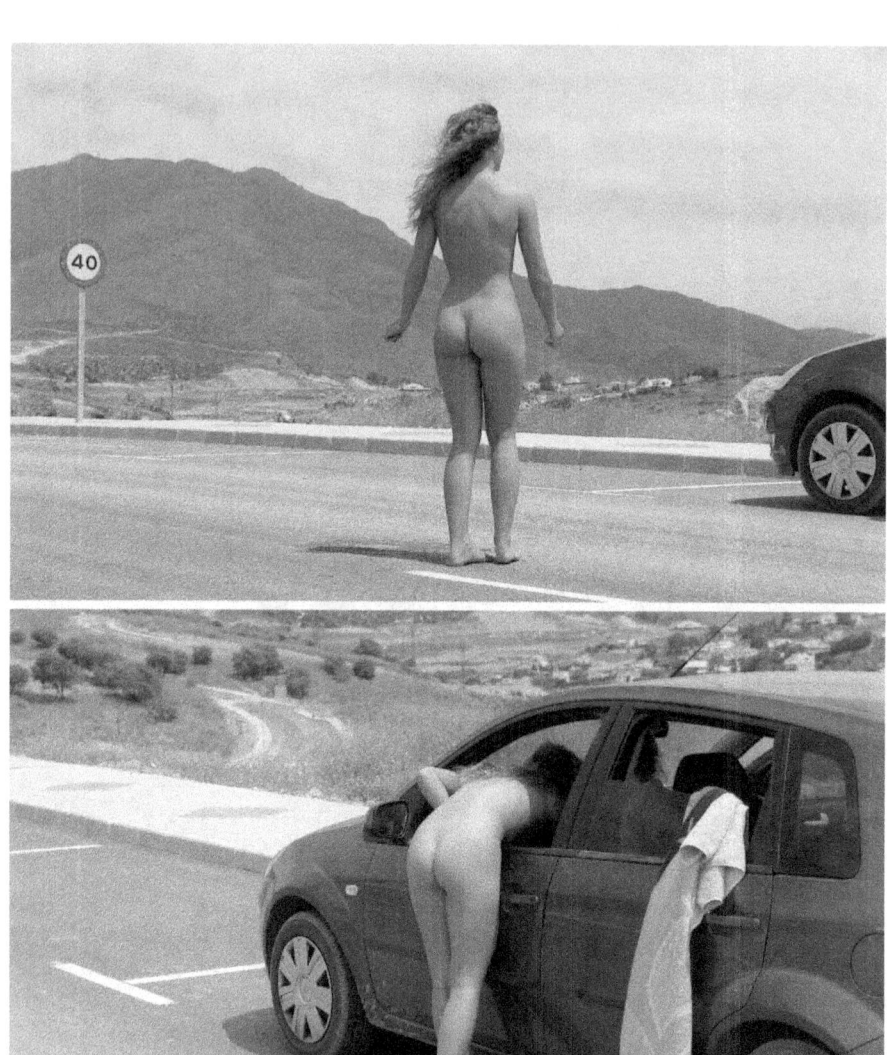

Ostsee

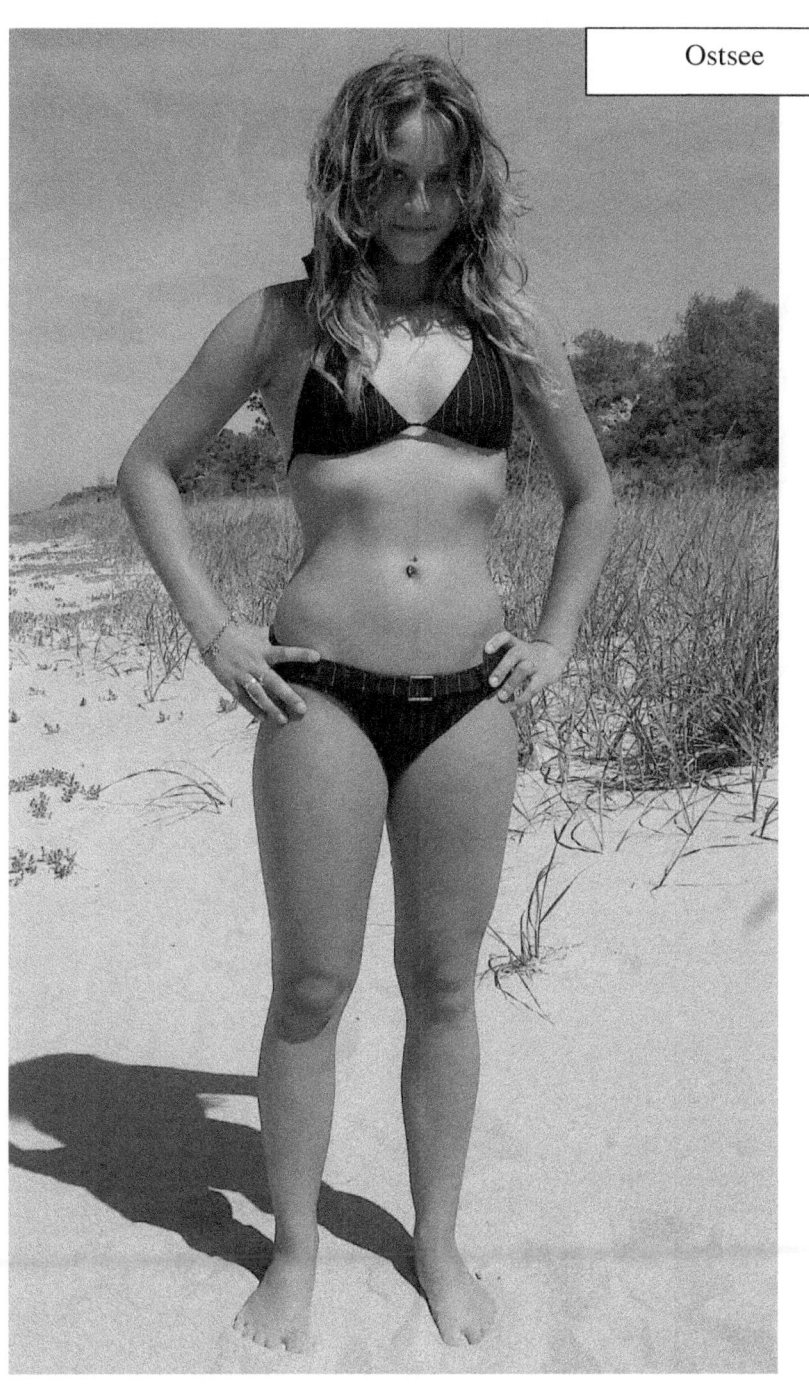

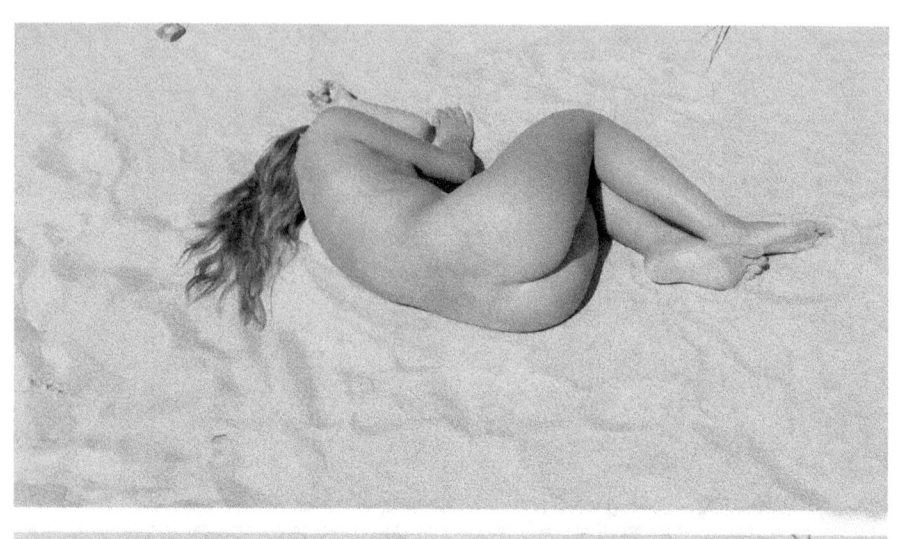
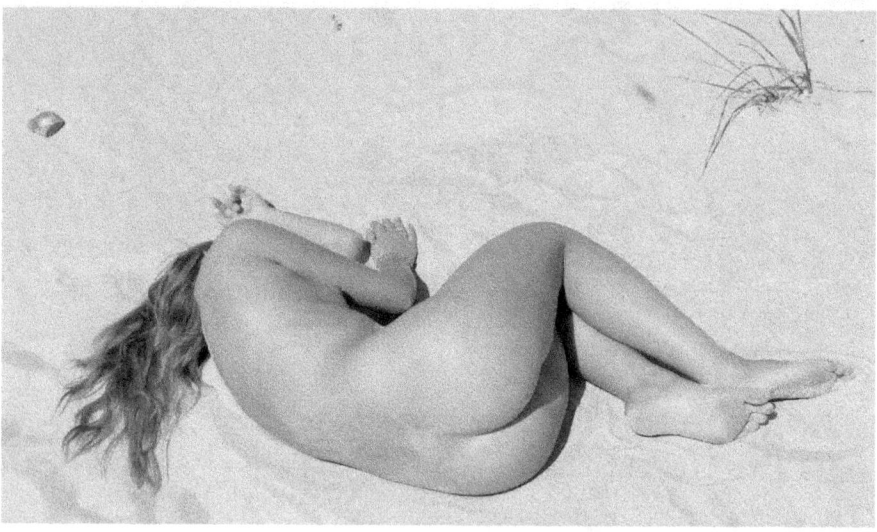

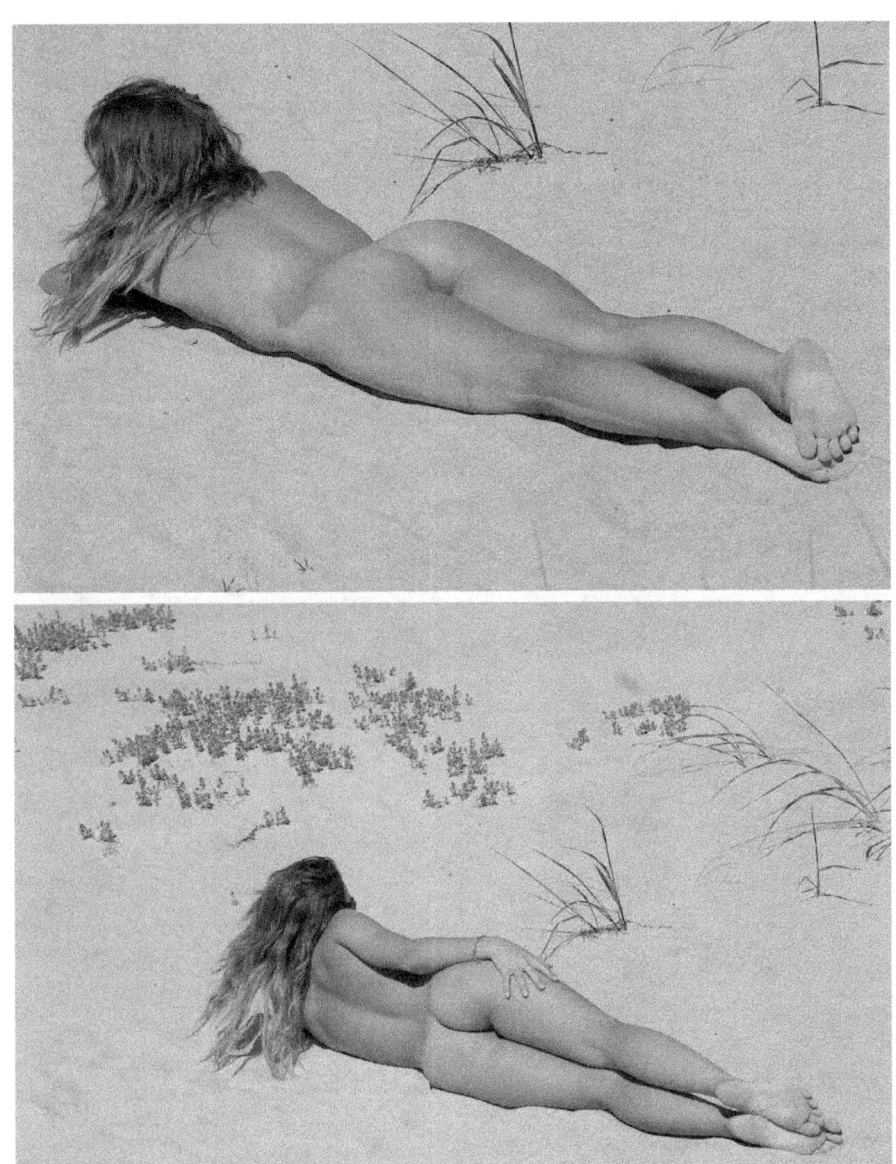

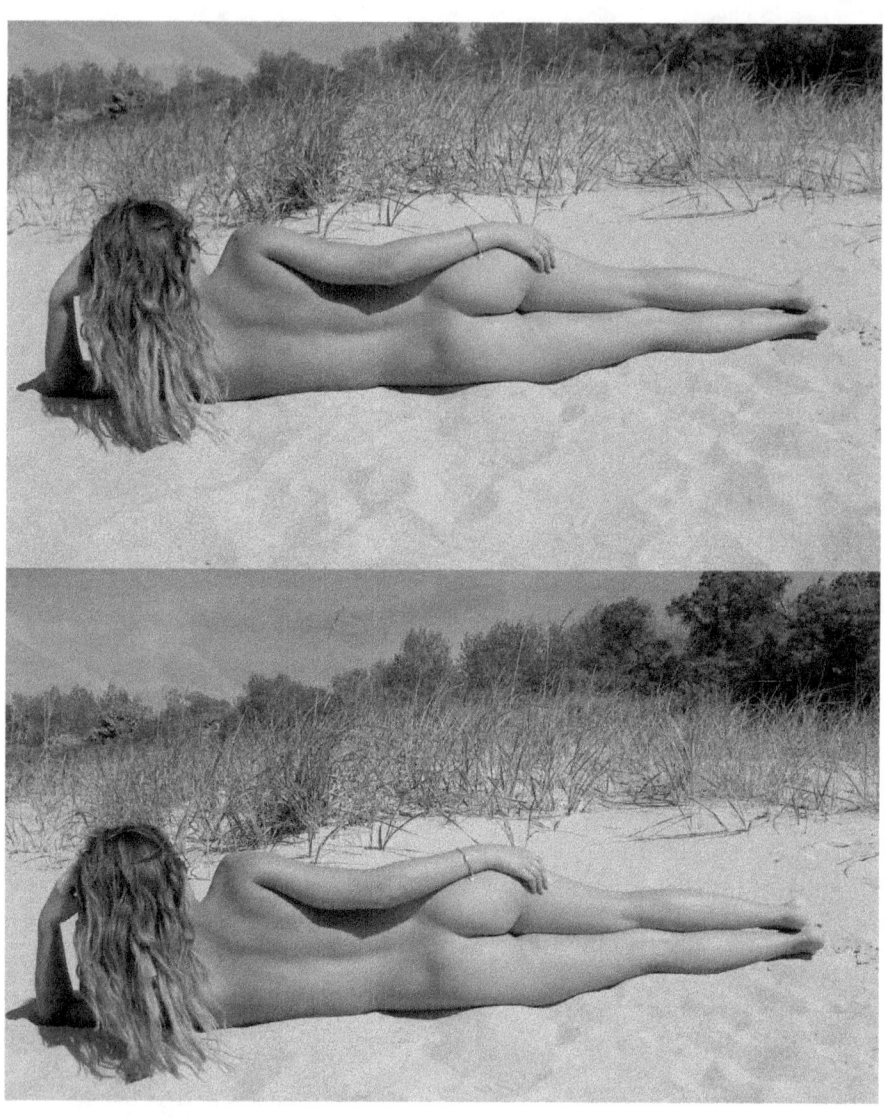

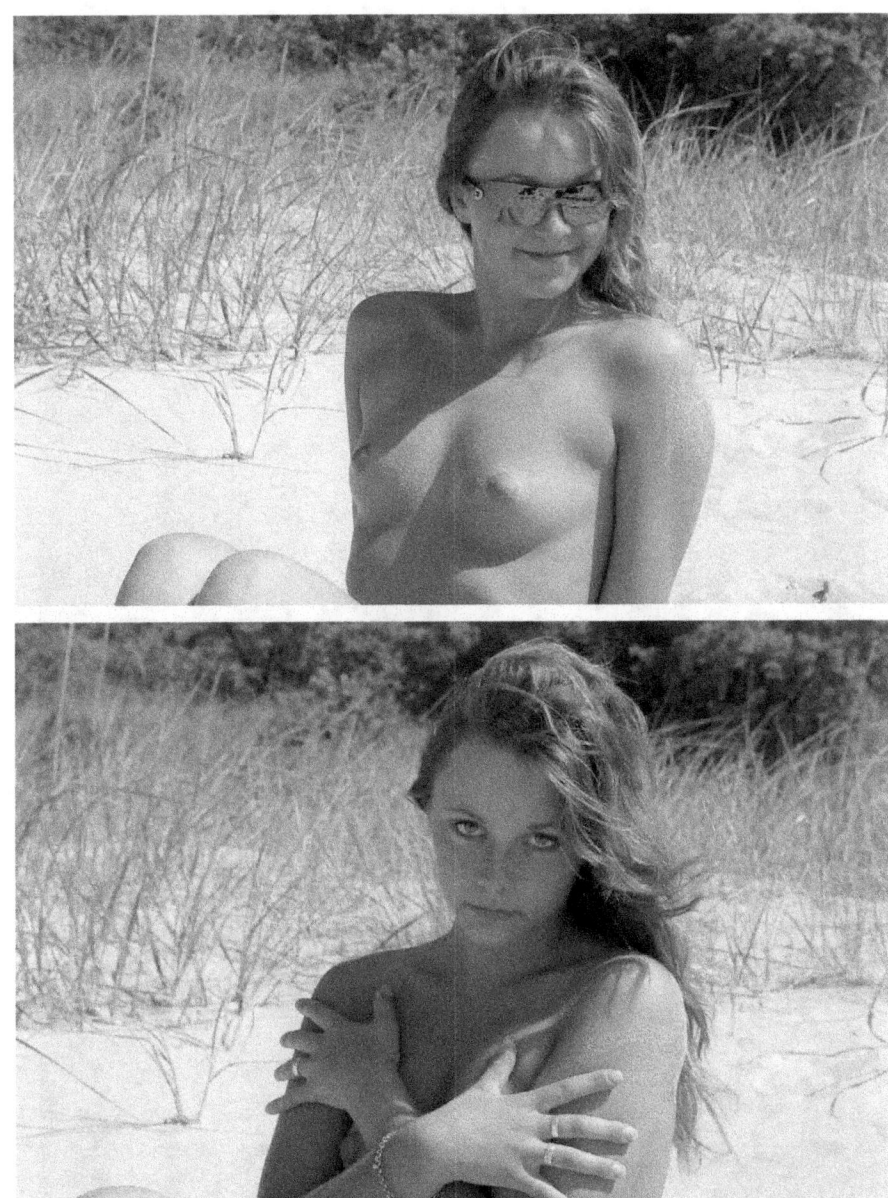

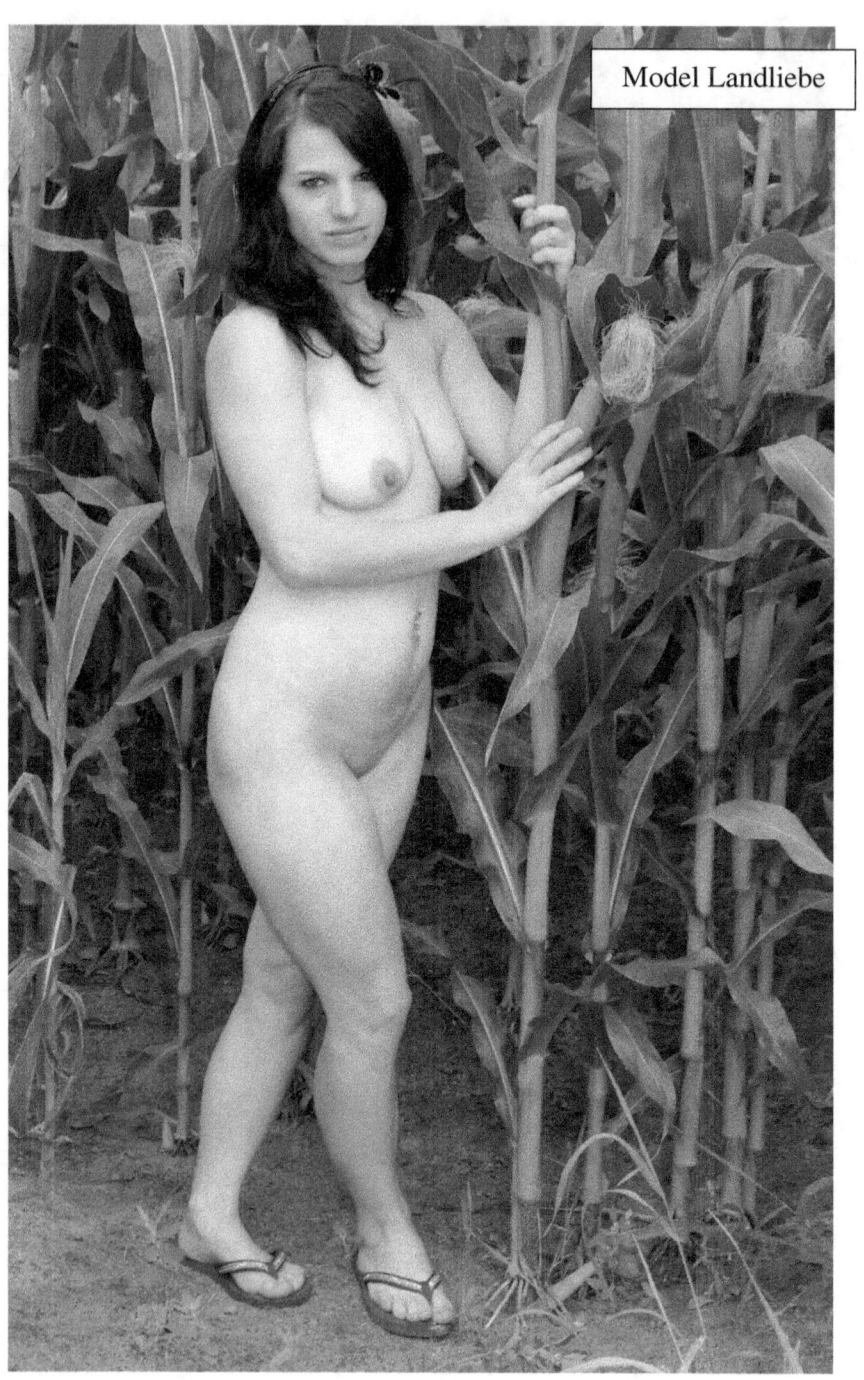

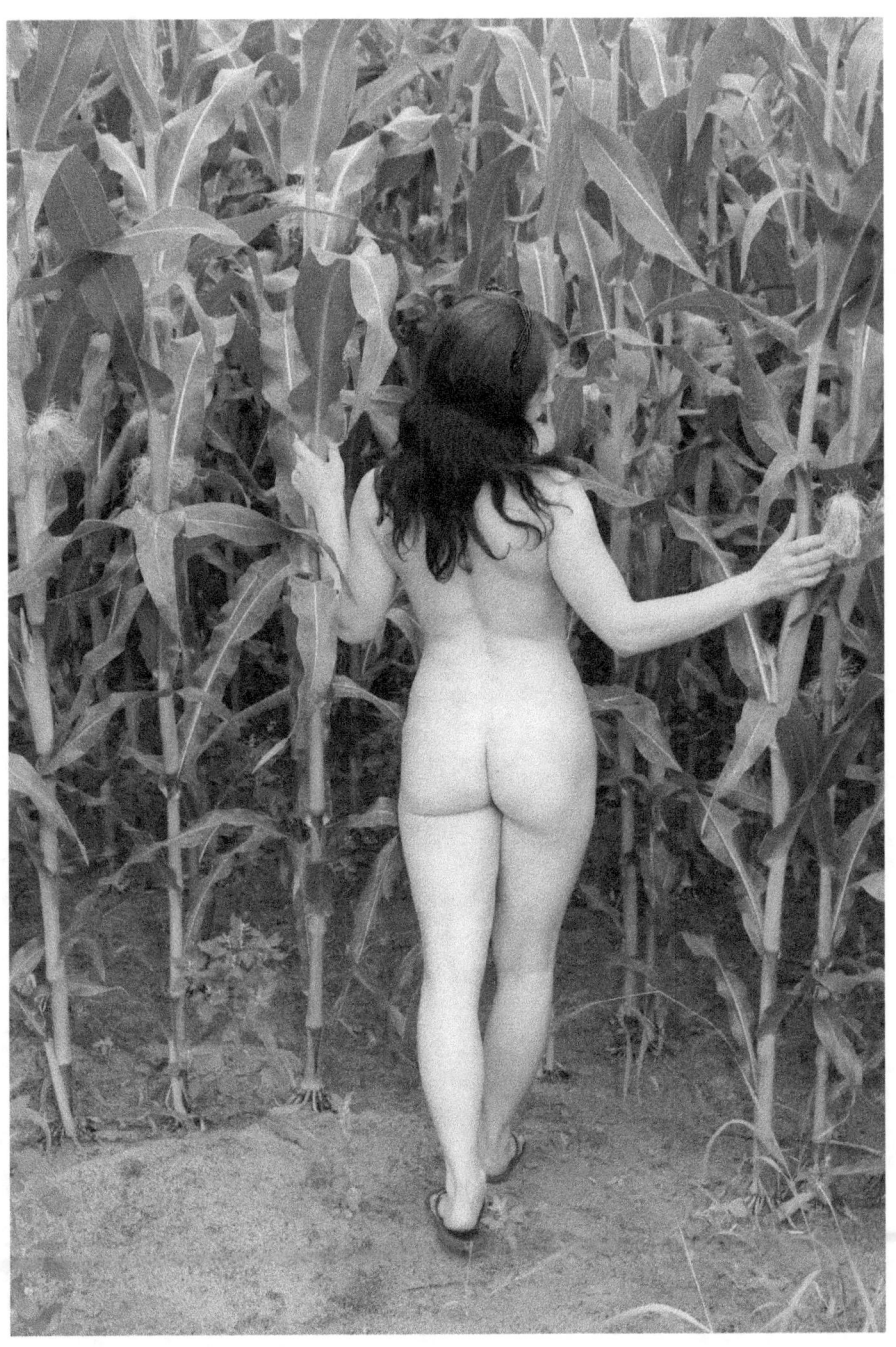

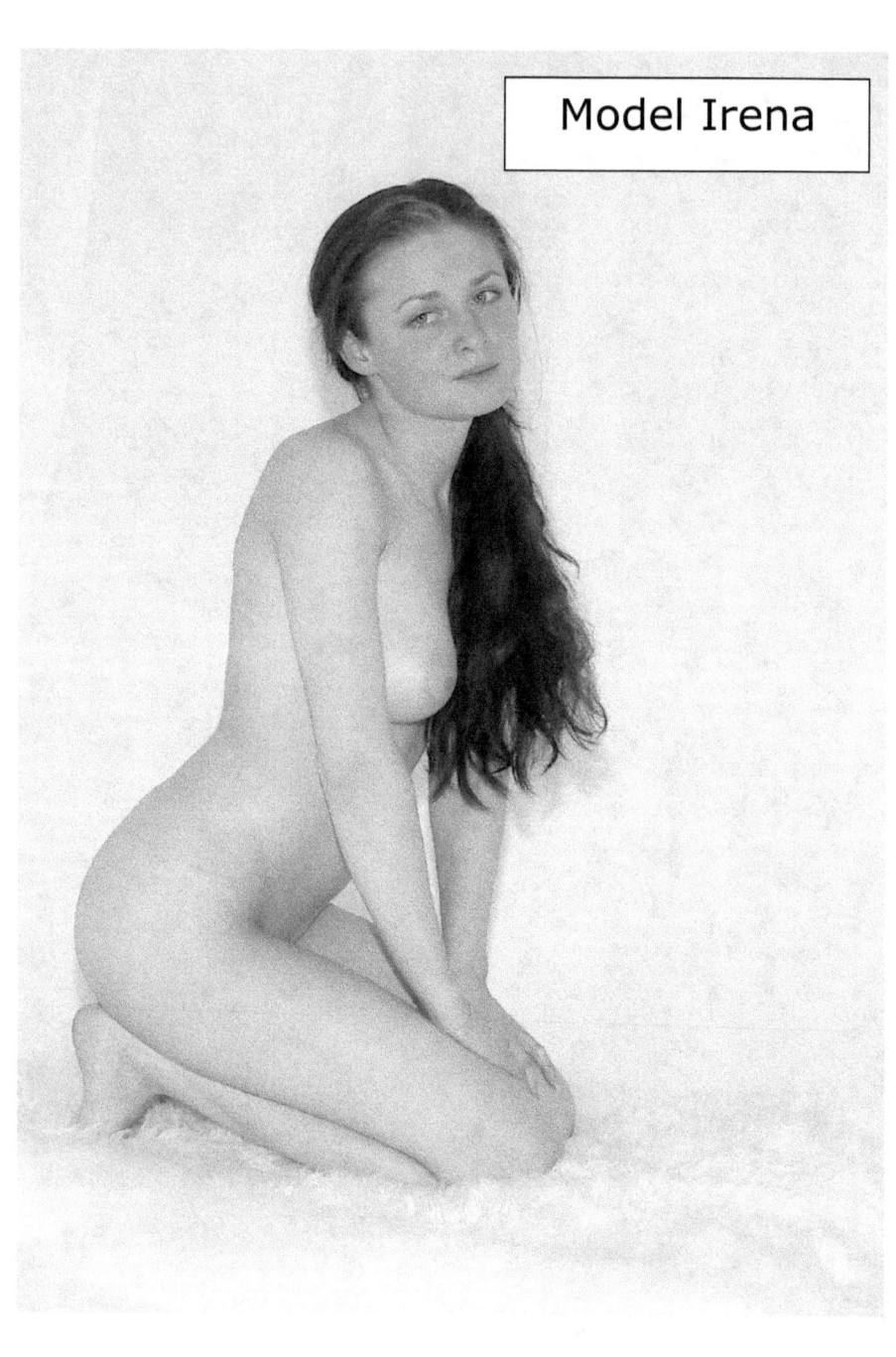

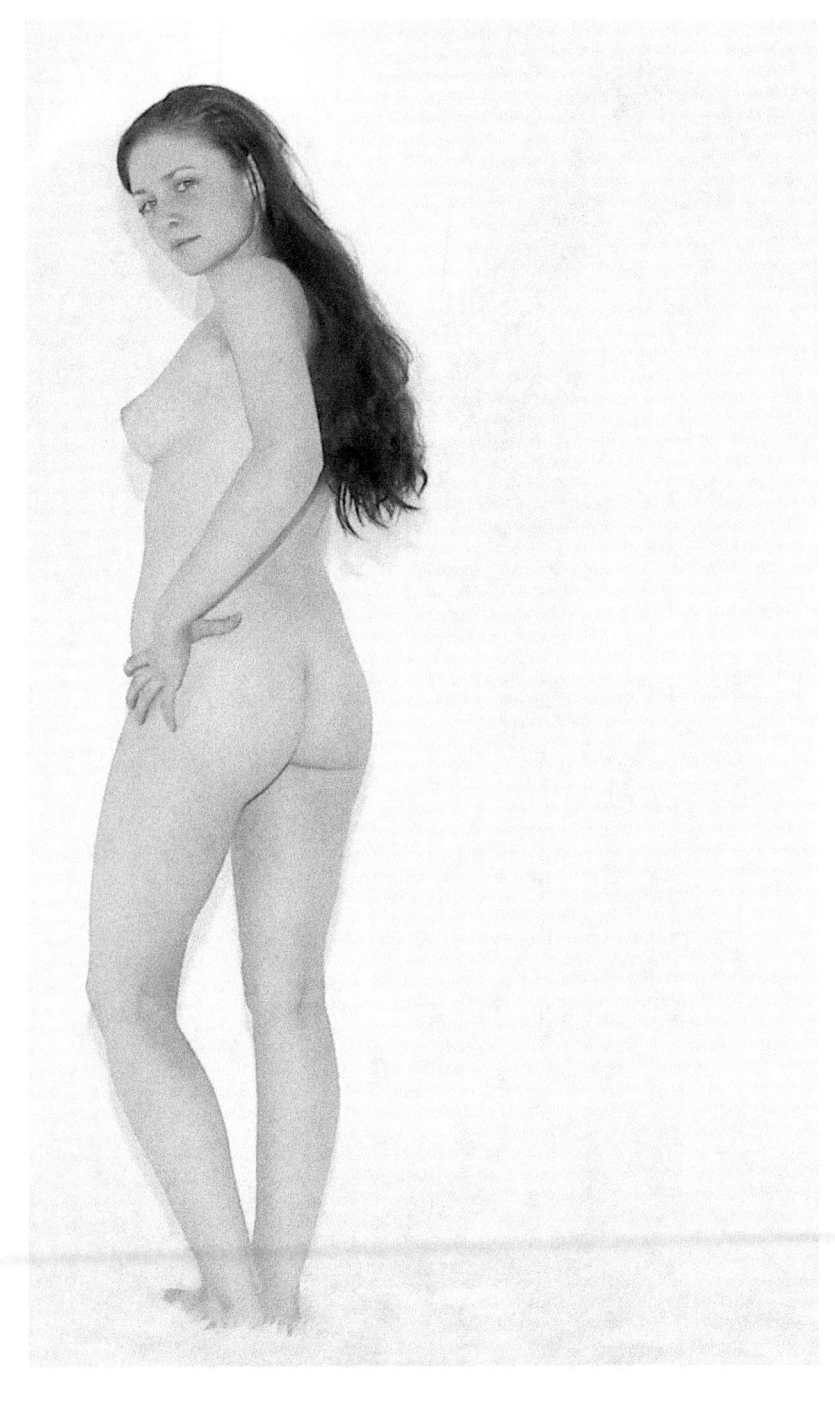

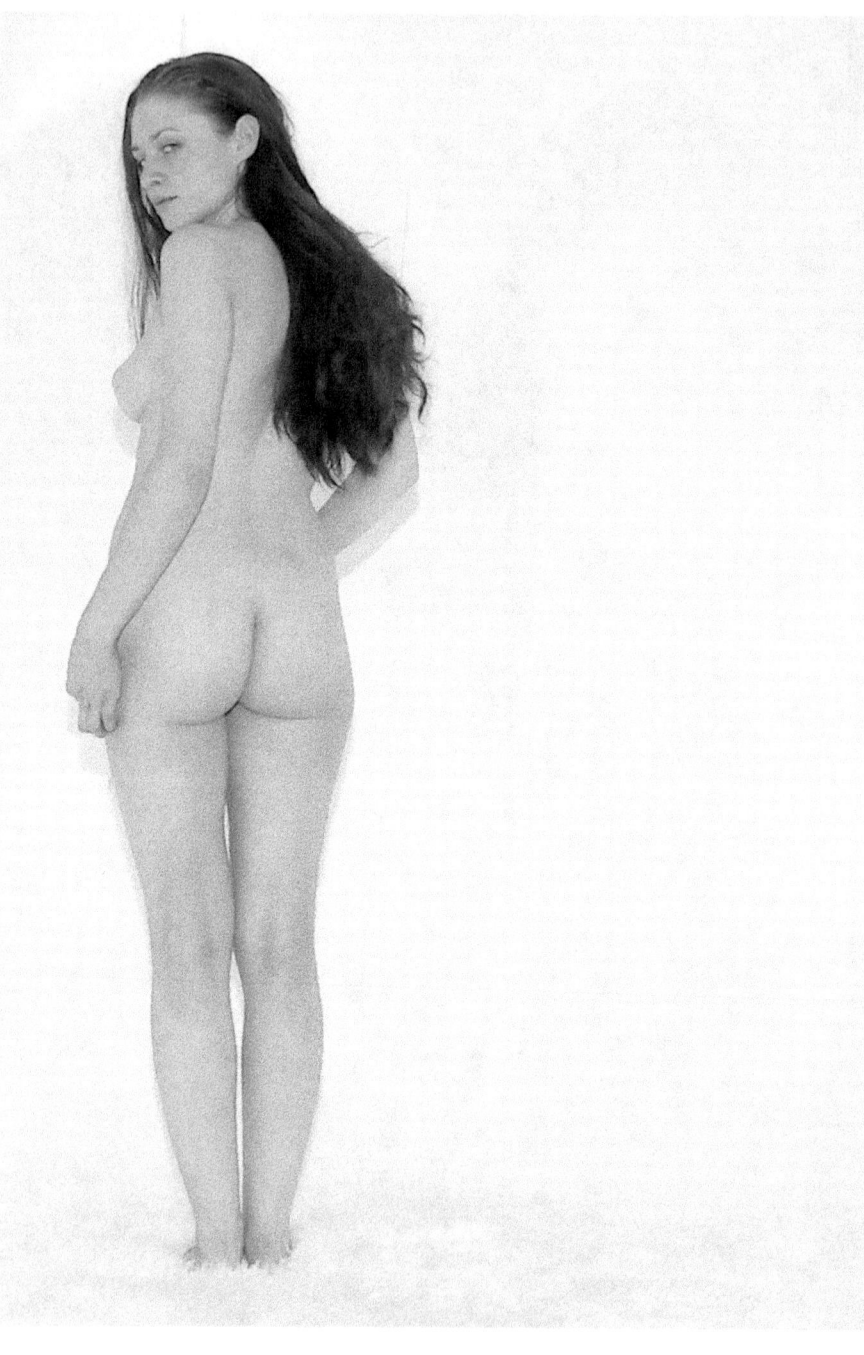

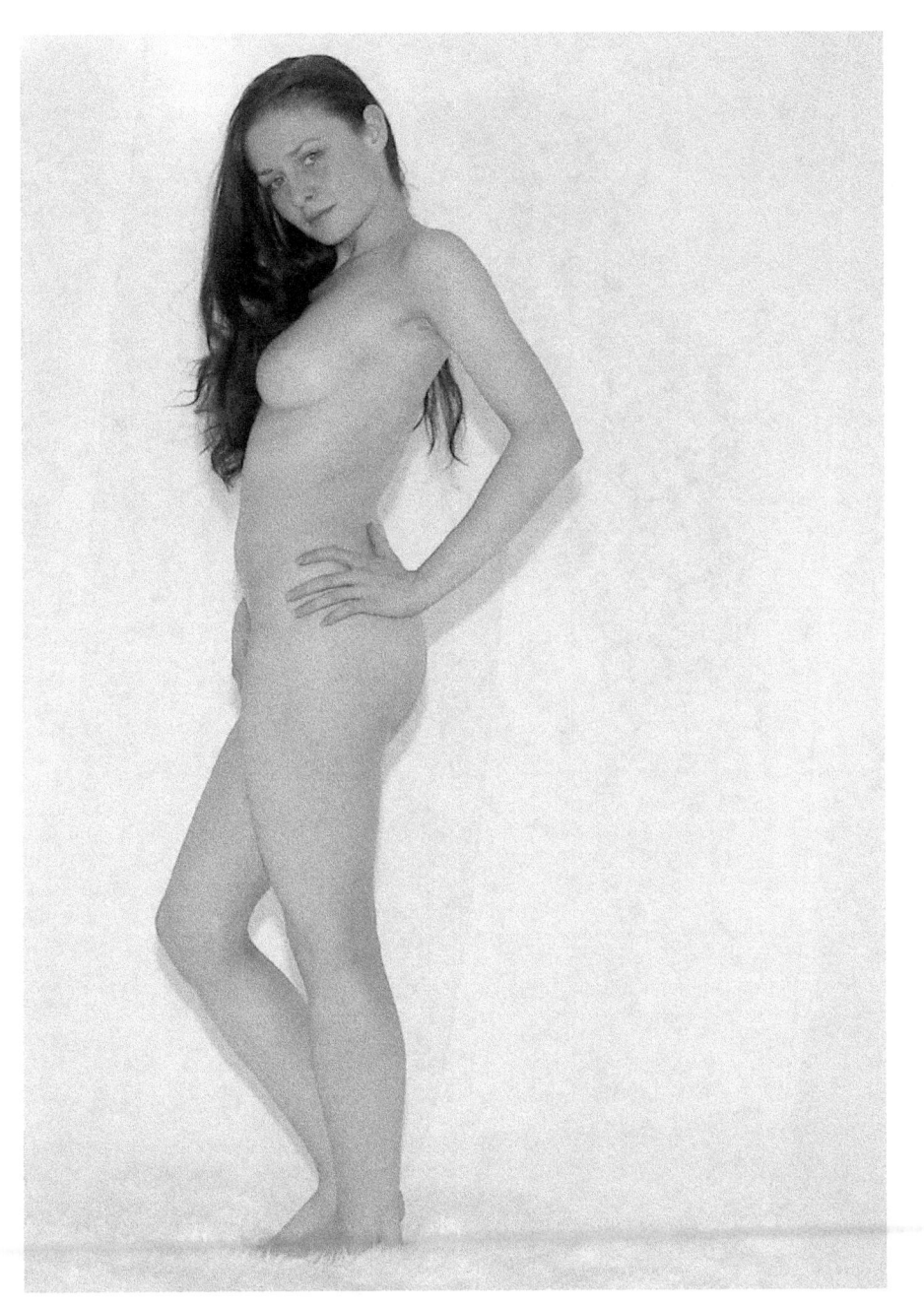

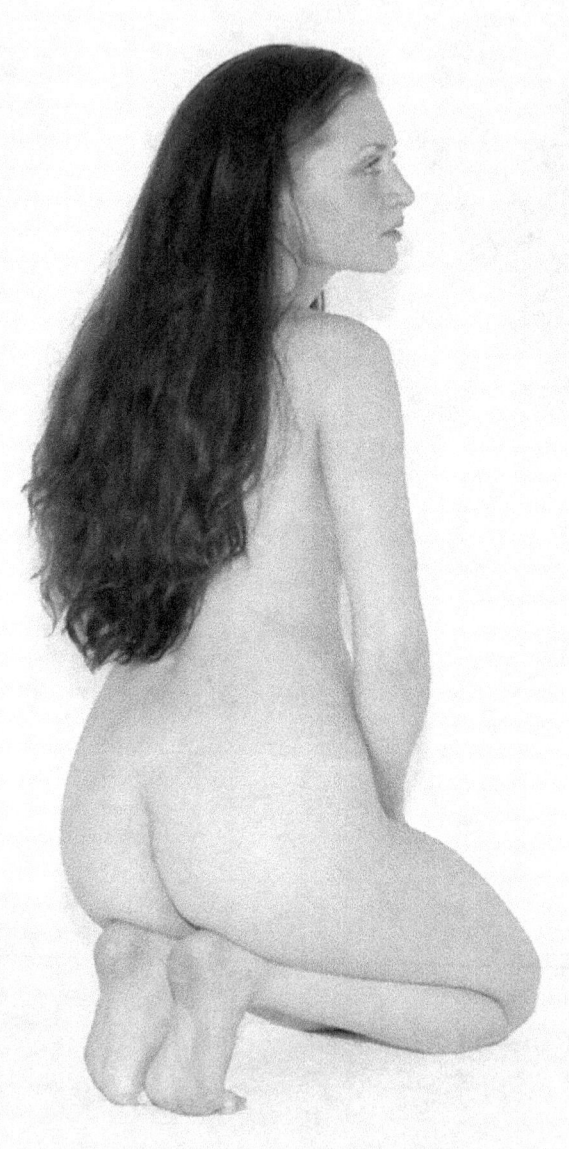

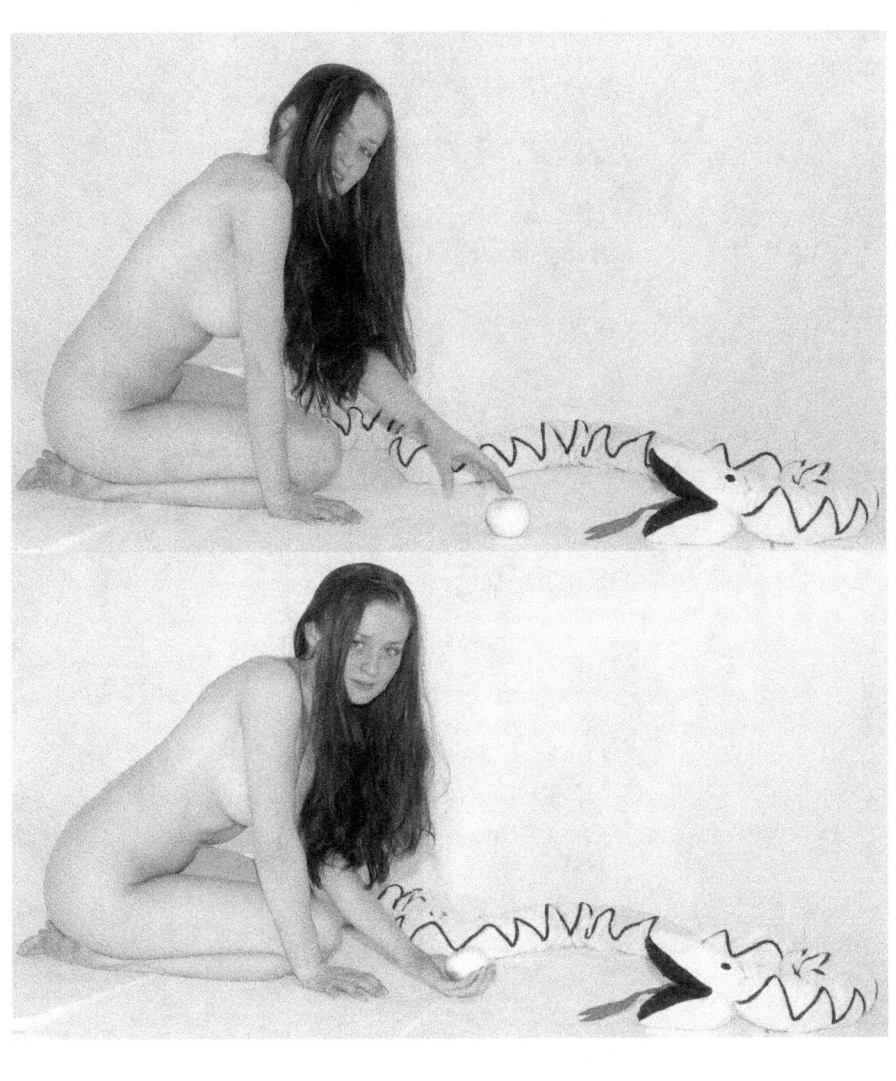

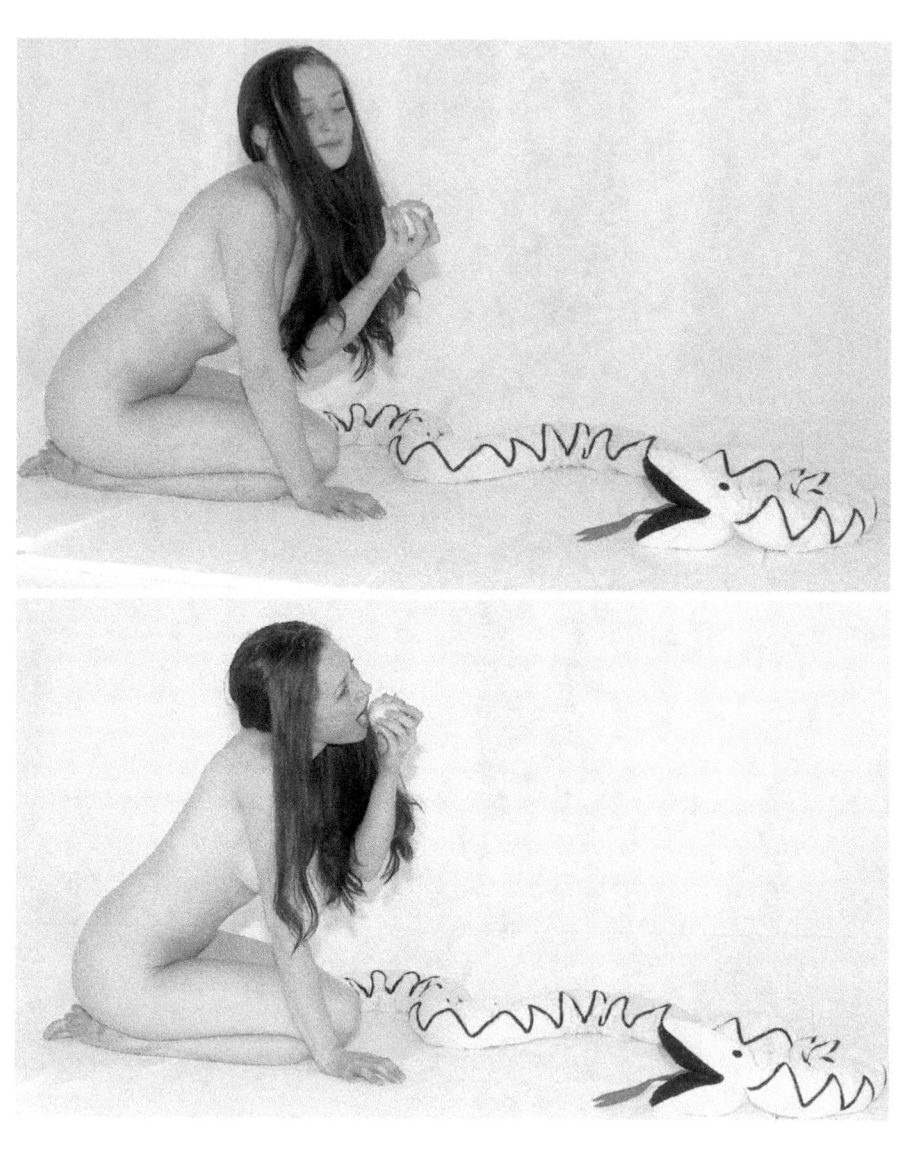

www.ingramcontent.com/pod-product-compliance
Lightning Source LLC
Chambersburg PA
CBHW071824170526
45167CB00003B/1408